D1727514

Waltzing Matilda Das ferne Land des Südens

Eine Erkundung der Träume und Wirklichkeiten Australiens

Gerhard Berka

Hermine Told

Besserleben-Akademie
http://www.besserleben-akademie.info
Copyright: Besserleben Akademie 2014
Alle Rechte vorbehalten
ISBN: 978-3-9503263-2-1

INHALT

Dieses Buch erzählt von einer Reise, die in der November-Kälte eines Jahres in Österreich begann und wieder in der Februar-Kälte eines anderen Jahres endete. Es ist eine idealtypische Reise, denn sie ist aus Bausteinen mehrerer Reisen nach Australien zusammengestellt. Nichtsdestoweniger bilden die einzelnen Etappen eine Einheit, eine gemeinsame Geschichte, die sich als ein roter Faden durch die einzelnen Kapitel zieht. In dieser Reise verdichten sich Geschichten und Geschichte. Erlebtes und Geschehenes finden sich in einer Erzählung wieder. Alle im Buch erwähnten Personen gibt es wirklich, nur ihre Namen sind willkürlich gewählt. Ihre Geschichten sind aber so, wie sie uns berichtet wurden.

Dieses Buch ist kein Reisebuch im herkömmlichen Sinn. Es überschreitet die Reiseberichterstattung und vertieft sich in historische, ökonomische und soziale Aspekte Australiens. Dies ergab sich gleichsam zwangsläufig im Prozess des Schreibens, da vieles an Erklärung bedurfte, um das Verständnis für das Erlebte zu erhöhen.

Vorwort

„Das ist das Angenehme auf Reisen, dass auch
das Gewöhnliche durch Neuheit und
Überraschung das Ansehen eines Abenteuers
gewinnt"
Johann Wolfgang von Goethe

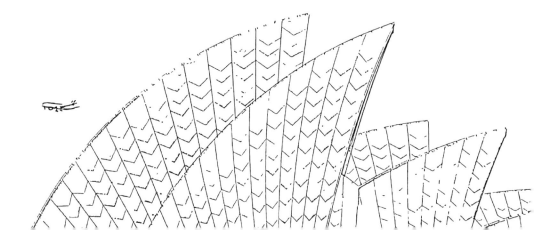

Im gewissen Sinne folgt dieses Buch der Idee von William Calvin, der über eine zweiwöchige Reise durch den Grand Canyon schreibt und gleichzeitig parallel eine Reise durch die Geschichte des Lebens unternimmt, die er an den einzelnen Stationen der Evolution illustriert. Man kann es natürlich auch als Form der dichten Beschreibung sehen, wie es der Anthropologe Cliffort Geertz entwickelte.

Für uns finden jedenfalls zwei Reisen statt, eine zu den Plätzen Australiens und eine durch den Traum und die Zeit Australiens selbst. Dieses Buch kann man deshalb auch als Einführung in die Geschichte, Politik und Wirtschaft des roten Kontinents lesen.

Noch ein Wort zum Titel des Buches: Wir sind tatsächlich zwei Oldies, die sich jenseits der Fünfzig zu dieser Form des Reisens entschlossen. Nicht nur das, wir waren wild entschlossen, eine Menge zu lernen. Oldie zu sein heißt, frei und offen für das Neue und Fremde zu sein und mit der Erfahrung eines Lebens sich den Abenteuern zu stellen, die in der Ferne warten, - aber davon kann man im nächsten Kapitel ausgiebig lesen.

Für richtiges Reisen benötigt man die Abgeklärtheit und Lebenserfahrung des Menschen „im besten Alter", der die Atmosphäre und Qualität eines Ortes aufnehmen will und nicht eine „Muss-Sehen-Liste" der Reihe nach abhakt. Die Kunst besteht darin, jeden Ort, den man bereist, als Lebenswelt zu begreifen, in die man eintaucht und in der man mitlebt.

Wir sind Reisende, aber keine Touristen und auf keinen Fall Urlauber (allein der Gedanke daran treibt uns kalte Schauer über den Rücken). Wir haben auf unseren Reisen gesehen, gelernt, gesprochen, gearbeitet, und manchmal auch nichts getan. Aber nie haben wir uns im Sinne eines Urlaubs „erholt" oder sind den touristischen Trampelpfaden gefolgt (wenn uns auch jede Menge Touristen begegnet sind).

Das Buch ist deshalb nicht gedacht für: Pauschaltouristen, Badeurlauber und die Kombination von beiden. Für alle, die sich in diesen Kategorien wiederfinden, empfehlen wir die Lektüre der einschlägigen Reiseführer. Auch dort gibt es schöne Bilder und diese Texte sind hilfreicher als unsere. Wir sind darüber nicht böse. Diejenigen, die nicht nur Sightseeing betreiben, sondern ihr Wissen über Australien vertiefen wollen, sind hier richtig.

Der echte Reisende

- sucht den Kontakt zu der anderen Welt
- will das Land und die Sitten kennenlernen
- organisiert sich die Reise selbst
- akzeptiert Schwierigkeiten als Teil des Reisens
- zieht Bilanz über das Erfahrene und Gelernte

Unser Reisebuch beinhaltet deshalb nicht nur einen Bericht von Reiseerlebnissen im Verbund mit bunten Bildern (dessen Qualität man mit Recht diskutieren kann), sondern auch tiefergehendes Wissen über unser eigentliches Ziel, Australien. Wir wollen verschiedene Aspekte, die auf dem langen Weg hin und zurück auftauchen, genauer untersuchen und den Versuch wagen, das Neue zu verstehen.

Ein Vorwort ist ein guter Platz, um den vielen Menschen zu danken, die uns bei unserem Vorhaben beistanden. An erster Stelle muß man unsere Familie erwähnen, die froh war, das wir uns so lange von ihnen ferngehalten haben. Wir sind sich nicht sicher, ob wir unseren Söhnen als verrückte Alte nicht peinlich waren. Mit größerem Zwiespalt sah es wohl meine Mutter, Margarete aber durch die Erfindung des Handys ist die Verbindung aufrecht geblieben. Ihr sei für ihre Geduld gedankt.

Zu guter Letzt wollen wir dieses Buch unserem Freund Joseph Frank widmen, Künstler und Australien-Reisenden. Oft fanden wir gemeinsam unseren Weg durch den roten Kontinent und das eine oder andere Pub beehrten wir durch unseren Besuch. Good Luck Mate!

Genug der einleitenden Worte. Es liegt nun an Ihnen, werte Leser und Leserinnen, uns zu begleiten.

Werte Leser, wir stellen große Anforderungen an Ihre Geduld und Erwartung. An dieser Stelle wagen wir es, über die Kunst des Reisens nachzudenken. Manch einer oder eine wird einwenden, wo denn die Kunst liege. Es sei denn, man verstehe in der Auswahl des Reisebüros und die Entscheidung über das Pauschalangebot eine Kunst. Wir gestehen ein, dass unser Anspruch in höheren (intellektuellen?) Sphären angesiedelt ist.

In der akademischen Philosophie hat man dieses Streben bereits umgesetzt (oder bemüht sich zumindest). Alain de Botton, der französische Philosoph, hat bereits im vorigen Jahrhundert die Notwendigkeit einer philosophischen Überprüfung gesehen und beginnt mit der Frage des Warum. Jeder wird mit Ratschlägen für Reiseziele überhäuft, aber keiner fragt, warum man reisen soll. (Der Bedarf an Erholung und „Tapetenwechsel" wird vorausgesetzt).

Von der Kunst des Reisens

„Man reist, um andere Sitten und Gebräuche
zu beobachten, nicht um sie zu kritisieren."
Voltaire

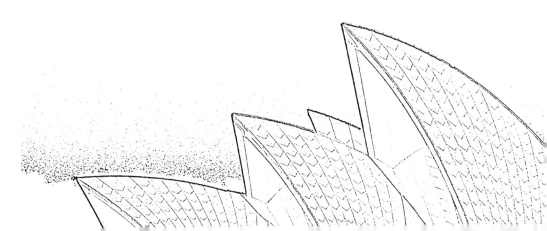

Wenn man Glück hat, spricht man von Neugier an fremden Kulturen, womit man das Äußerste an Intellektualität erreicht. Neugier ist übrigens nicht der schlechteste Einstieg in die Kunst des Reisens. Um sich zum Reisen zu entschließen, muss man Neugier entwickeln, Neugier auf das Unbekannte und Fremde. Neugier muss dazu führen, das Unbekannte und Fremde erleben zu wollen.

Hier beginnt sich der Reisende vom Touristen zu trennen. Der Tourist sucht nicht das Fremde und Unbekannte, er möchte eine Bestätigung für jene Vorstellungen und Bilder, die er zu Hause aus seinen Träumen und Medien entwickelte und die er in seiner Lebenswelt aufnahm und pflegte. In diesem Sinne sind auch die unverzichtbaren touristischen Utensilien zu verstehen: der Reiseführer und die Kamera.

Der Reiseführer definiert das Sehenswerte, beschreibt es, bevor es „besichtigt" wird. Der Reiseführer geht noch weiter. Das Nicht-beschriebene existiert nicht und ist dem Touristen unzugänglich. Es gibt diesen Teil einfach nicht. Ein Reiseführer ist voller Listen und Aufgaben, die abgearbeitet und abgehakt werden müssen und liegen als schlechtes Gewissen, vollgestopft mit Schuldgefühlen schwer im Koffer.

Die logische Ergänzung des Reiseführers bildet die Besichtigung. Die Besichtigung bedeutet für jeden Touristen einen symbolischen Akt, eine gleichsam religiöse Handlung, mit der die Wichtigkeit des Ortes und der eigenen Rolle als Tourist bestätigt wird: Man muss es gesehen haben. Die Besichtigung und Führung inszeniert für den Touristen eine Erlebnisshow, die den jeweiligen Ort zu einer Kulisse reduziert und ihm die Aufgabe erspart, selbst aktiv zu werden.

In diesem Sinne kommt der Kamera eine entscheidende Rolle zu. Das Foto bestätigt das Gesehene und dient als Beweis des Dagewesenen. Das Foto gibt dem Touristen Halt, um erzählen zu können. Es gibt ihm jene semantische Struktur, um sein Erlebnis zu berichten. Das Nicht-Fotografierte existiert nicht, man war nicht dort. Es war einfach nicht „sehenswert". Das Fotografieren rückt zur zentralen Betätigung des Touristen auf, es sichert die Beute einer touristischen Jagd. Wer ohne Fotos heimkehrt, hätte zu Hause bleiben können. Die Kamera eignet sich auch hervorragend als

Instrument der Distanz. Indem der Tourist zwischen sich und der Landschaft die Kamera schiebt, erspart er sich die Auseinandersetzung mit dem Unbekannten.

Denselben Zweck erfüllen die Vier- oder Fünf-Sterne-Hotels und die mittlerweile verbreiteten Resorts. Touristen geben viel Geld aus, um in möglichst ferne und fremde Länder zu fahren oder zu fliegen. Gleichzeitig vermeiden sie es vorsorglich, vor Ort mit der einheimischen Kultur unkontrolliert und unbeschützt von einer Reiseleitung in Kontakt zu kommen. Oft verfügen die Resorts über Befestigungen wie Gefängnisse mit eigenem Sicherheitsdienst, um die Touristen vor dem Gastgeberland zu schützen.

Sofern das Fremde und Unbekannte in der Welt des Touristen vorkommt, erweist es sich als zahm und kontrolliert, eine touristische Show. Den absoluten Höhepunkt für einen Touristen bildet deshalb die Pauschalreise. Fix und fertig verpackt und bis ins Kleinste geplant, konsumiert der Tourist geführt und beschützt ein Programm, das man mit Recht als Karikatur der Realität bezeichnen kann. Eine Pauschalreise kann der Tourist in einem Stück buchen oder er baut sich aus angebotenen Bausteinen seine eigene Pauschalreise. Das erzeugt in ihm die Illusion der Individualität. Dem Touristen ist es einerlei, denn er kommuniziert über die Reise grundsätzlich nur mit Freunden und Bekannten, die ebenfalls auf eine pauschaltouristische Karriere zurückblicken können.

Im Extremfall, wie z. B. bei einer der so beliebten Kreuzfahrten, zahlt der Tourist dafür, jegliche Verantwortung bis zum kleinsten Detail an sogenannte Profis abzutreten. Der Slogan lautet „Your Pleasure is our Business", mit der Bedeutung: „Schnauze halten und lass uns Profis nur machen, was wahre Urlaubsfreuden sind."

Im Gegensatz dazu steht der Reisende. Für ihn steht die Bewegung im Mittelpunkt, indem er sich von einem Ort weg-bewegt und sich auf einen anderen Ort hin-bewegt. Wichtig ist die Bewegung, welchem Ort der Reisende sich zu-bewegt, verliert an Bedeutung. Für ihn kommt es auf das Erlebnis der Bewegung und in der Bewegung an. Das Ziel hat lediglich den Zweck, eine Richtung festzulegen. Das Erreichen des Zieles bedeutet letzen Endes nur, dass eine neue Reise beginnt. Die Reise zum Ziel dient nicht der Überwindung von Distanz, sondern ist eine Quelle der Erfahrung und des Erlebnisses. Deshalb besteht für eine Reise keine Notwendigkeit. Der Sinn einer Reise entsteht im Prozess des Reisens und erschließt sich erst nach Rückkehr des Reisenden.

Für den Soziologen Zygmunt Baumann steht deshalb die Straße als Metapher für Distanz. Man kann über die zurückliegende Straße nachdenken, von einem Fortschritt in „Richtung auf" sprechen, einem Vorrücken oder Näherrücken. Die Bewegung verliert die Bedeutung des Überwindens und rückt in den Mittelpunkt des Erlebens. So entwickelt sich die Bewegung in Richtung Erleben. Das Erlebnis wird zu einem Synonym für Bewegung.

Der große Forschungsreisende Herbert Tichy spricht deshalb vom Reiseerlebnis als Abenteuer. Abenteuer sind Zusammentreffen mit dem Unerwarteten, dem Außergewöhnlichen, dem Neuartigen. Chesterton drückt es prägnanter aus: „Ein Abenteuer ist nur eine Unannehmlichkeit ins rechte Licht gerückt". Das können wir nur bestätigen. Rasch verwandelt sich ein simpler Stop Over in Kairo in den Sturm einer Revolution (siehe Kairo-Kapitel). Deshalb ist es notwendig, eine Empfänglichkeit für das Neue und das zu Erlebende zu entwickeln. Fehlt diese, so wird man nach Alain de Botton „am falschen Ort zur falschen Zeit" sein und das Neue, das Abenteuer, geht spurlos vorüber.

Dan Kieran definiert diese Art des Reisens als „Slow Travel". Durch Slow Travel verändert sich die Wahrnehmung des Reisenden, es beginnt eine Loslösung vom Alltag. Der Reisende aktiviert gleichsam sein Bewusstsein und öffnet sich für Erfahrungen. Deshalb liegt für den Reisenden immer die Antwort andernorts, wobei er die Frage erst in der Reise begreift. Robert Louis Stevenson bringt Slow Travel auf den Punkt: Mit der Hoffnung zu reisen ist besser, als das Ziel zu erreichen.

Trotz aller Begeisterung für „slow", Slow Travel ist kein geistiges Kind des 21. Jahrhunderts. Kiegan bemerkte, dass viele Autoren berühmter Reisebücher langsame Reisende waren. Die Idee des langsamen Reisens schwebte schon lange durch die Zeit und fand

12

sogar mit dem Schriftsteller Hermann Hesse einen prominenten Niederschlag. Er entwickelte in seinem Büchlein über die „Nürnberger Reise" auf gerade mal knapp 100 Seiten ein Meisterstück des angewandten Slow Travel.

In seiner Reflexion behandelt Hesse die Kernfrage des Reisens, das Warum. Sich als Reisender zu einer Reise zu entschließen, kann man nicht als triviale Angelegenheit sehen. Der Entschluss zum Reisen bedarf einer sorgfältigen Überlegung. Es gilt die Gründe für eine Reise abzuwägen und auf Stichhaltigkeit zu prüfen. Für Hesse reichte eine Einladung zu einer literarischen Vorlesung in Ulm nicht (nach heutigen Begriffen ein berufliches Event!), sich den Mühen einer Reise auszusetzen. Obgleich beruflicher Natur, ergibt ein solcher Anlass keinen zwingenden Grund zur Reise. Erst die Erinnerung an einen länger geplanten Besuch eines Freundes in Blaubeuren (einem Nachbarort von Ulm) brachte die Entscheidung. Doch Hesse musste danach streben, die

„... lange Reise in kleine, angenehme Stücke zu zerschneiden, sie genießbar und verdaulich (!) zu machen. Es galt daher, auch in Zürich Aufenthalt zu nehmen. Da kam auch eine Einladung zu einer Vorlesung zupass, ein Besuch Münchens bot sich zwangsläufig an."

Eine unerwartete Einladung nach Nürnberg folgte noch, und eine umfangreiche, zweimonatige Reise begann sich abzuzeichnen. Einen Herbst lang bewegte sich Hesse durch die Schweiz und Süddeutschland und füllte sein literarisches Portfolio mit Erlebnissen und Geschichten. Ein Meisterwerk des Slow Travels, nachzulesen in Hesses schmalem Bändchen „Die Nürnberger Reise".

Hier trifft der schon etwas abgedroschene Satz „Der Weg ist das Ziel" zu. Wichtig ist es, den Weg zu erleben und nicht zu Zielen zu hasten. Besser, das Programm einzuschränken oder auf Ziele zu verzichten, als Reisequalität und Reisegenuss einzuschränken. Eine Reise muss „erlebt" und „verdaut" werden, ansonsten holt man sich auch durch das Reisen einen verdorbenen Magen (nicht durch das Essen verursacht, wohl gemerkt).

Ein zweiter literarischer Vorläufer des langsamen Reisens soll noch erwähnt werden. Der österreichische Literat Stefan Zweig widmete sich aus Zwang dem langsamen Reisen. Zweig schaffte es, das Reisen zu einer Heimat zu entwickeln, da ihm seine Heimat immer mehr entfremdet wurde. Reisen kann man nicht einfach planen. Durch das zufällige Ereignis entsteht eine Art Verschwendung der Zeit, doch genau dieses Zufällige formt eine neue Ordnung des Reisens, wodurch „jede Reise zur Entdeckung nicht nur der äußeren, sondern auch unserer eigenen inneren Welt" wird.

Wer alles vorgeplant haben will und Überraschungen (ob positiv oder negativ) vermeidet, hat den Sinn des Reisens nicht begrifffen. Erst das Unbekannte und Überraschende macht neugierig und erweitert die Persönlichkeit. Reisen ist ein Lebensstil, den man sich hart erarbeiten muss (oft im wörtlichen Sinne) und keine Unterbrechung des heimischen Alltags, eine „Auszeit" von der Tristesse oblige. Für den Reisenden ist das Reisen Alltag pur, so selbstverständlich wie ein Abstecher durch den heimatlichen Ort. Mit anderen Worten: Reisen bedeutet Arbeit. In der englischen Sprache wird dieser Aspekt deutlicher. Das Wort *travel* für reisen lässt sich auf das französische Wort *travaille* (Arbeit) zurückführen. Arbeit ist aber nicht gerade jene Perspektive, die ein Tourist für seinen Urlaub anstrebt.

Womit wir bei einem entscheidenden Punkt, der für die Autoren wichtig ist, angelangt sind: Dem Alter. Wir als Autoren haben uns urplötzlich in der Generation 50+ wiedergefunden. Die Altersgruppe der Senioren scheint prädestiniert für das Reisen zu sein, man sagt ihnen viel Freizeit und Einkommen nach. Die Reiseindustrie sieht größte Marktchancen. Von simpler Busreise (in „bequemen" Reisebussen), über Kreuzfahrten auf Traumschiffen bis zum Überwintern unter Thailands Sonne wird ein breites Spektrum angeboten. Das alles wird bequem mit Pauschalerlebnis und deutschsprachiger Reiseleitung ausgestattet, Reiseversicherung inklusive.

Gerade als Oldie mit Lebenserfahrung und (gewollter oder ungewollter) Reflexion der eigenen Vergangenheit sollte es an der Zeit sein, neue Wege zu suchen. Es gilt das eigene (Reise)potential des Alters zu nutzen und ungebunden von den Pflichten eines

Trägers der Gesellschaft, die Welt (und damit sich selbst) zu erkunden. Dafür ist die Rolle eines echten Reisenden wie geschaffen. Leben und Reisen habe eines gemeinsam: Es entscheidet nicht die Entfernung. Es ist die „Intensität des Erlebens" (Kieran), die die Lebensqualität letztlich gestaltet. In dieser Lebensphase erhält man nicht nur neue Freiheiten, es ergibt sich die Chance, Weisheit zu erwerben. Reisen ist ein Weg zur Weisheit. Es verbindet die Freiheit der Zeit mit der Freiheit und Offenheit der Wahrnehmung.

Im Endeffekt muss man einem wahren Meister des Slow Travels, Mahatma Gandhi, recht geben: „Es gibt Wichtigeres im Leben, als beständig dessen Geschwindigkeit zu erhöhen." (Er selbst bevorzugte es, zu Fuß zu reisen). Oldies können sich nicht unbedingt auf einen körperlichen Topzustand berufen, das erspart ihnen aber den Hang, Reisen als sportliche Herausforderung zu sehen. Die Bedingheit der Physis schafft aber wiederum den Raum für das Erleben. Das Hier und Jetzt gewinnt an Bedeutung und nicht das „Was noch". Es kommt nicht darauf an, seine Energien in reine Lebensverlängerung zu verschwenden, nur um sich am Ende zu fragen: Wofür?

Die Antwort klingt banal, trifft aber den Kern des Reisens: Richtiges Reisen soll die verbleibende Lebensspanne mit Sinn und Lebensqualität füllen. Diesen Sinn erreicht man mit der Freiheit über das eigene Reisen. Nur durch die Selbstbestimmung des persönlichen Vorhabens kann man im buchstäblichen Sinn fremde Welten "erleben". Nicht dass es auch andere Wege gäbe, diese Ziele zu erreichen, es steht jedem frei, seinen Weg zu finden. Für uns aber erscheint es der Königsweg der Erkenntnis zu sein.

Am Ende eines langen Kapitels soll noch einmal der Meister des Slow Travel Dan „himself" zu Wort kommen. Dan Kieran definiert oder besser beschreibt seine Grundsätze des „Slow Travels" auf seine eigenwillige Weise (als Inhaltsverzeichnis). Seine langen, aber keinesfalls langweiligen Kapitel lassen sich wie folgt essentiell ausdrücken:

Reise nicht nur, um anzukommen
Richtiges Reisen sieht den Sinn des Reisens in der Bewegung. Wichtig ist das Erleben des Weges bis zu einem Ziel, wobei das Erreichen eines Ziels nicht im Vordergrund steht. Der Erlebnis- und Erkenntnisprozess findet unterwegs und nicht nur dort statt.

Bleib zu Hause
Ein kurioser Ratschlag, aber man kann auch zu Hause, d.h. In seiner vertrauten Region reisen. Es muss nicht die Ferne sein, die man sucht. Das Erlebnis der Reise kann man hinter der nächsten Ecke finden. Trotzdem wird es den echten Reisenden an ferne Plätze treiben, da er das Exotische, das er sucht, zu Hause nicht finden kann.

Sei dein eigener Reiseführer
Ein langsamer Reisender benötigt keine gedruckte „must-see"-Anleitung und schon gar keine Person, die ihm sagt, was er zu sehen hat und was er lassen soll. Er findet seine Anregungen im literarischen oder cineastischen Erlebnis, das ihm das „Wissen-wollen" vermittelt.

Heiße Katastrophen willkommen
Für Touristen bedeutet eine Katastrophe einen Zusammenbruch ihrer Urlaubsillusion. Ihr sorgfältig erstellter Plan löst sich auf und der Ruf nach Gewährleistung und Schadenersatz wird laut. Für Reisende eine Chance für neue Erlebnisse. Eine daraus enstehende Unannehmlichkeit kann sich zu spannenden Geschichten entwickeln, die man keinesfalls mehr missen möchte. Katastrophen verlangen nach Improvisation und einem kühlen Kopf, eröffnen aber auch neue Lebenserkenntnisse.

Folge deinem Instinkt
Der langsame Reisende ist auf sich allein gestellt, er muss sich seine Reise selbst entwerfen. Es liegt an ihm, wie er seine Anregungen und Anstöße findet. Der Reisende muss selbst entscheiden, und das ist seine Stärke. Sein Wissen und Gefühl verbinden sich dadurch zu jenem Phänomen, das man durchaus als „Reiseinstinkt" bezeichnen kann.

Verliere den Kopf

Reiseerlebnisse beruhen auf einem Gleichgewicht der Ordnung und des Unbekannten. Eine gewisse Reiseplanung ist notwendig und gibt Struktur. Doch muss man sich unterwegs auch dem Unbekannten anvertrauen und sich in das Ungewisse stürzen, gleichsam den Kopf verlieren.

Sei abenteuerlustig

Wollten Sie schon immer das Geheimnis des Lächelns von Mona Lisa herausfinden? Dann wäre es eine gute Idee, mit einem Leihwagen das Loire-Tal zu erkunden. Es braucht keinen großartigen Mut, das zu tun, aber man kann und soll es tun. Das daraus entstehende Erlebnis wird sich zu einem großartigen Abenteuer entwickeln. Tun Sie es!

„Wenn Sie wollen, dass Ihr Leben sich verlangsamt und Ihnen nicht davonläuft, sollten Sie im Augenblick leben und sich völlig darauf einlassen." Dan Kieran

Es ist Mittag in Wien-Schwechat, die Maschine hebt ohne Probleme pünktlich ab. Wir sitzen wie üblich in den letzten Reihen in der Nähe der Toiletten und jede Menge freie Plätze um uns (praktisch für ein Nickerchen). Es ist immer ein befreiender und spannender Moment, wenn sich das Flugzeug vom Boden löst. Wir lösen uns physisch vom Alltag des Zuhause und bewegen uns auf einen neuen Alltag zu. Eine Reise, ein Abenteuer hat begonnen. Unser Ziel heißt Australien, aber nicht sofort und nicht direkt. Es ist vielmehr ein Herantasten auf dem Weg mit Zwischenstationen und einem längeren Aufenthalt in Kuala Lumpur.

Aber warum Kuala Lumpur? Das ist leicht zu beantworten: Weil die Fluggesellschaft (Egyptair) den günstigsten Preis bot und wir nichts von dieser Stadt wussten. Wir wussten nur, dass von Kuala Lumpur die Billigfluglinien mit den niedrigsten Flugpreisen nach Australien abheben. Als erprobte Slow Traveller buchen wir dank des Internets unsere Flüge selbst und vermeiden es gewöhnlich, ein Reisebüro zu betreten. Also warum nicht Kuala Lumpur?

Kuala Lumpur
Australien und Malaysia

Unser Gepäck stellt kein Problem dar. Die beiden Trolley-Koffer werden normalerweise als Handgepäck akzeptiert, aber aus Bequemlichkeit ruhen sie im Bauch der bejahrten Boeing. Sollten sie verloren gehen und ihre eigene Reise antreten, dann ist das kein Schaden. Neue Koffer mit ein Paar Jeans, T-Shirts und Unterwäsche sind schnell um wenig Geld beschafft (besonders in Asien). Die alten Kleidersachen sollen uns sowieso nicht auf der Rückreise begleiten.

Der Service der staatlichen ägyptischen Fluggesellschaft (Noch-Mubarak-Ära) erweist sich als besser als befürchtet. Das servierte Essen schmeckt nicht schlecht, die Stewardessen sind freundlich und zuvorkommend. Die ägyptischen Soap Operas im Bordfernsehen wirken allein durch die Situationskomik witzig, da uns der Ton in Ermangelung arabischer Sprachkenntnisse erspart bleibt. Unser erstes Ziel nähert sich schnell und bequem.

altes und neues Kuala Lumpur

Kuala Lumpur, oder kurz KL genannt, ist die Hauptstadt Malaysias, Punkt. Kuala Lumpur diente auch für Sean Connery als Filmkulisse, Doppelpunkt. Mehr wissen wir nicht über diese Stadt. Und zuhause haben wir uns nicht sonderlich um mehr Informationen bemüht.

Sonst hätten wir gewusst, wie der niederländische Reiseschriftsteller Cees Nooteboom bei seinem Besuch 1977 seine Meinung über KL ausdrückte: „Die Hauptstadt ist Kuala Lumpur, eine ziemlich nichtssagende, nicht unangenehme, etwas ungepflegte, sich nach allen Seiten hin ausdehnende Stadt, in der die Engländer ihre Backsteinzeichen hinterlassen haben, ein kleines dünkelhaftes England in einem Gebiet, das hundert Jahre zuvor noch Urwald war".

Die Zeiten haben sich geändert, Kuala Lumpur hat einen Modernisierungsprozess durchlaufen, der die koloniale Vergangenheit in den Hintergrund rückt. In der modernen und schnellen Verbindungsbahn zwischen Flughafen und Stadtzentrum sitzend, lesen wir über die Ankunft des britischen Reiseschriftstellers Robert Twigger in der Stadt in den 80er Jahren:

„Ich war wieder in Kuala Lumpur, und der Dunst war schlimmer denn je. Als wir im Dämmerlicht in die Stadt hineinfuhren, tauchte das größte Gebäude der Welt wie eine Sciencefictionrakete mit Abschussrampe aus dem Smog auf ... Die Börse brach von Tag zu Tag weiter zusammen."

Ein Jahrzehnt später nähern wir uns im Dämmerlicht der Stadt. Der Smog ist längst in der Geschichte verschwunden, es herrschen klare Verhältnisse in der Luft vor. Im milden Abendlicht wirken die farbigen Fassaden besonders intensiv. Auch die Finanzkrise liegt lange zurück, sie ist längst zu einem Teil der Geschichte geworden. Im Business-Distrikt sehen wir strömende Massen von Business-Men und Women im internationalen Businessdresscode die Bürotürme verlassen und zum Chill-Out in die nächste topgestylte Bar eilen. Man spürt den globalisierten Kapitalismus des 21. Jahrhunderts pulsieren. Es ist nicht zu übersehen, Malaysia ist auf den Erfolgsweg der Tigerstaaten zurückgekehrt.

unsere Unterkunft

Mit dem Taxi erreichen wir unsere Unterkunft im Norden von Kuala Lumpur. Ein bescheidenes Guesthouse, das seine besten Zeiten in der fernen britischen Kolonialherrschaft sah, in einer bescheidenen heruntergekommenen Gasse, wird uns Gastfreundschaft gewähren.

Ein Strassenfriseur

Zu unserer Überraschung stellen wir fest, dass wir uns im indischen Viertel der Stadt befinden. Am Beginn der Straße befindet sich ein Hindu-Tempel, in dem von fünf Uhr in der Früh bis spät abends intensiver Betrieb herrscht. Auch wir werden noch an der einen oder anderen Zeremonie durch freundlicher Einladung der indischen Anwohner teilnehmen. Dies fällt umso leichter, da das Leben sich sowieso auf der Straße abspielt. Abends sitzen die Menschen vor ihren Häusern, auf der Straße flanieren die Kleinhändler und Handwerker, die ihre Dienste anbieten, es wird getrascht oder auch nur meditiert.

Noch praktischer (und köstlicher) sind die vielen kleinen indischen Restaurants um die Ecke, teilweise bessere Lokale, teilweise abenteuerlich eingerichtet, in Garagen oder ehemaligen Werkstätten. Üblicherweise leistet man seinen geringen Obolus (umgerechnet einen Euro) am Eingang an der Kasse und bekommt ein Palmenblatt ausgehändigt. Mit selbigem begibt man sich auf einen freien Platz und harrt gespannt dem Kommenden. Frauen mit jeweils zwei Hängetöpfen an der Hand bewegen sich regelmäßig durch die Reihen und schaufeln auf Wunsch aus jedem Topf einen Schwung Humus, Kichererbsen, Bohnen, Linsendhal oder Reis auf das Palmenblatt. Mit bloßen Händen rollt man sich den Reis oder die verschiedenen Pasten zu Kugeln und isst. Dazu werden in Schälchen süß-scharfe Chutney und Raita zum Dippen gereicht. Bei Getränken hat man die Wahl, Tee oder süßes Lassi (Joghurtgetränk). Ist man fertig, entsorgt man das Palmenblatt und wäscht sich die Hände. Für diejenigen, die sich für das Essen interessieren, haben wir am Ende des Kapitels ein typisches Menü zusammengestellt.

Leider zwingt uns der Zeitmangel, auf eine ausgedehnte Erkundung der malaysischen Küche zu verzichten. Später werden wir erfahren, dass sich das Land um eine Bio-Produktion in der Landwirtschaft bemüht. Ein gewichtiger Grund, wieder zurückzukehren und die Verhältnisse genauer zu studieren.

Hier liegt der Vorteil für echte Reisende: Es gibt immer eine Wiederkehr. Auch wenn man jetzt etwas „verpasst", es bleibt die Gewissheit, dass man es einholen wird.

Am Abend treffen wir auf dem Balkon des Guesthouses Tom, einen fünfzigjährigen Petrolingenieur aus dem Norden Malaysias. Ein bitteres Schicksal bindet ihn an das Guesthouse. Durch einen beruflichen Unfall erlitt er einen komplizierten Beinbruch. Seither muss er regelmäßig dreimal die Woche eine Spezialklinik in Kuala Lumpur aufsuchen.

Der Hausmeister

Es kommt ihm billiger, sich im Guesthouse einzumieten, als regelmäßig vom Norden in die Stadt zu fahren. Er hat sich gut mit den Verhältnissen arrangiert: Täglich besorgt einer der Gäste ein billiges Essen aus einem der Straßenküchen, für seine Krankenhausbesuche nutzt er das Taxi. In der übrigen Zeit bewegt er sich zwischen seinem Zimmer, dem Balkon und der Straße hin und her. Dadurch hat er die Gelegenheit, sich als scharfer Beobachter zu zeigen.

Er erweist sich als nie versiegender Quell an Informationen über Malaysia. Er gibt uns Empfehlungen, wie wir unsere knappe Zeit in dieser Stadt nutzen können. Am Abend sitzen wir mit ihm und einem älteren australischen Ehepaar auf dem Balkon mit dem Blick über das indische Kuala Lumpur. Uns fällt auf, dass nur wenige Junge ihren Weg zu uns finden. Gewöhnlich sitzen sie im „Foyer" des Guesthouses und starren in ihren Laptop oder sind damit beschäftigt, irgendeinen Text in ihr Handy zu tippen. Dieser Eindruck soll sich während unserer Reise nur verstärken.

20 Jahre früher (für Oldies gestern, für Jugendliche eine Generation früher) bedeutete Reisen als Backpacker die ultimative Loslösung

von Zuhause. Kommunikation beschränkte sich auf einige Anrufe über überlastete Telefonleitungen in schlechtester Qualität unter teilweise abenteuerlichen Bedingungen. Die jungen Backpacker der heutigen Zeit zeigen sich im Gespräch oft überrascht, wenn wir ihnen erzählen, dass es in den Achtzigerjahren des vorigen Jahrhunderts keine Handys gab!

Jetzt nehmen die Backpacker ihr komplettes Zuhause auf Reisen mit. Sie bewegen sich zwar körperlich im Ausland, sind aber geistig und virtuell zu Hause geblieben. Für die heutigen Jungen spielt Distanz keine Rolle mehr, jeder Punkt der Erde ist nur Stunden entfernt. Grenzen beginnen sich aufzulösen, sie sind nicht mehr notwendig, wenn die beste Freundin von nebenan jederzeit in bester Qualität angerufen oder digital gesehen werden kann. Die Generation Facebook präsentiert ihre Form des Reisens, ihren Begriff von Realität.

Nach dem britischen Soziologen Anthony Giddens kommt es hier zur einer Trennung von Raum und Ort. Eine seltsame Vorstellung, einen Raum von seinem Ort zu trennen, das will erklärt sein. Der Ort ist einfach erklärt, er entspricht der geographischen Situation. Unter *Raum* versteht ein Soziologe eine Konstruktion aus persönlicher Wahrnehmung, Erfahrungen und kulturellem Lernen, das mit dem Ort verbunden ist. Klingt kompliziert, ist auch kompliziert. Wichtig ist, dass man einen Raum an einem anderen Ort als „neu" und „fremd" empfindet, während die Orte (und Räume) zu Hause vertraut wirken (eben das „Heimatgefühl").

Ein faszinierender Gedanke, da in der Alltagswahrnehmung (zumindest für die Oldie-Generation) eine gefühlte Identität beider existiert. Bewegte man sich von einem Ort zum anderen, so veränderten sich auch die Räume. Man ging gleichsam von einem Raum in den anderen. Der Kunstgriff des Virtuellen schafft aber einen globalen Raum, eine globale Lebenswelt, egal an welchem Ort man sich befindet. Man braucht sich nicht mehr mit einem fremden Raum auseinanderzusetzen, es ist anstrengend genug, virtuell „am Ball" zu bleiben. Da reicht der Ort, den man (Gott sei Dank!) sowieso bald verlässt.

DiePresse berichtet von einem Iren, der von Schottland aus zu Fuß nach Neuseeland unterwegs ist. An sich ein schönes Beispiel für Slow Travel, wenn da nicht seine Ausrüstung wäre. Solarbetriebener Laptop und i-Phone erscheinen ihm unverzichtbar, da er täglich seinen Blog, Facebook und Twitter füttert. DiePresse schreibt „dass ein Mann allein um die Welt reist, aber ständig mit seinen Freunden verbunden bleibt, ist kein Paradoxon. Er will gar nicht weg von allem, er will kommunizieren und vernetzt bleiben." Selbst der Pauschaltourist will seinen virtuellen Anschluss, die Ausstattung der Ferienhotels mit Gratis-Wlan ist selbstverständlich. Der große Anbieter TUI plant spezielle Services in Form von Apps und sonstigem. Die Kommunikationswelt lässt grüßen.

Vielleicht passt die Idee des Habitus vom französischen Soziologen Pierre Bourdieu auf das Phänomen der unverzichtbaren globalen Kommunikation. Über die virtuelle Kommunikation mit ihren Laptops, Handies und Apps wird die Welt wahrgenommen, alles ist gleichzeitig und überall. Dementsprechend denkt man. Im Kopf ist man weg, aber auch zu Hause oder anderswo. Schließlich handeln sie auch so, als wären sie gleichzeitig hier und überall. Erstaunlich, wie eine Idee aus den Sechzigerjahren des vorigen Jahrhunderts in das 21. Jahrhundert passt.

Der US-amerikanische Reisende Paul Theroux ahnte eine solche Entwicklung bereits in den Siebzigerjahren voraus, als er in Singapur verblüfft feststellte, dass in der Gesellschaft Singapurs „das Briefgeheimnis nichts gilt und die Banken gezwungen werden, Aufschluss über die Privatkonten ihrer Kunden zu geben. Es ist eine Gesellschaft, in der es buchstäblich kein Privatleben gibt ."

Man bedenke die prophetischen Perspektiven, die man bereits damals in Südostasien noch weit vor dem Internet entwickelte. Die Straits Times schrieben am 20. November 1973:

„Wie würde Ihnen das Leben in einem künftigen Singapur gefallen, in dem Post und Zeitungen Ihnen elektronisch per Bildfunk ins Haus geliefert werden ... Projekte ... bei denen ein einziges Kabel genügt, sämtliche Kommunikationsbedürfnisse von Privathaus und Büro zu erfüllen, können bald Wirklichkeit werden."

Theroux sah die neuen Kommunikationstechnologien nicht als Chance für die Entwicklung des Individuums, wie es für die heutige junge Generation selbstverständlich erscheint. Für ihn ist es „eine Technologie, welche die Freiheit einschränkte". Eine solche Einbettung in eine weltweite Kommunikationswelt gibt mir zwar neue Möglichkeiten, kommunikativ präsent zu sein, nimmt mir aber die Zugänge in selbstentdeckte und selbstgestaltete Kommunikations-räume in meiner unmittelbaren Gegenwart. Man kann diese Situation mit der berühmten Fabel vom Prinzen beschreiben, der sein Land zu Fuß erkunden wollte. Sein Vater der König gab ihm zu seiner Bequemlichkeit eine Kutsche. Dieser Schachzug des Königs erreichte sein Ziel. Sein Sohn bewegte sich in kontrollierten Bahnen (sprich Straßen und Orten). Es ist so: Wir als Oldies müssen mit der Globalisierung der Lebenswelten leben.

Singapur hat jedenfalls von seinen Visionen profitiert. Die IT-Technologien erlauben eine effiziente Kontrolle der ausgelagerten Produktion. Genau diesen Intelligenz-Bonus strebt nun auch Malaysia an.

Als Oldies fühlen wir uns mit einer anderen Form von Identität verbunden. Sie wurde unter anderen Bedingungen einer Lebenswelt geformt, die sich noch statisch präsentierte. Eine Lebenswelt, in der kein Internet existierte, Telefon nur als „Festnetz" vorkam und ein Ferngespräch eine teure und komplizierte Angelegenheit war. In dieser Welt musste man sich jede Information mühsam erfragen oder nachschlagen, oft bewegte man sich in einer Sphäre der Uninformiertheit oder Ahnungslosigkeit. Selbst das Weltgeschehen konnte an einem ohne nennenswerte Spuren vorüberfließen, denn die wenigen Zeitungen waren mindestens einige Tage, wenn nicht Wochen alt.

Nebenbei bemerkt klingt schon die Sprachformulierung „voriges Jahrhundert" absolut trennend zu den jungen Generationen. Unser Gestern beginnt bereits aus der Wahrnehmung der Gegenwart in das Archiv der Geschichte zu rutschen. Aber was soll's, wir ver-senken uns gerne in fremde Räume und versuchen, fremde Strukturen zu erkunden. Wir sehen und hören zu, wie sich neue faszinierende Welten erschließen.

Berichten wollen wir, keine Frage. Aber wir wollen nicht gleich und nicht sofort berichten. Wie es so schön heißt: Alles zu seiner Zeit.

Deshalb versenken wir uns wieder in die Gegenwart der asiatischen Metropole Kuala Lumpur. Ein Blick in Twiggers Reisebuch erstaunt uns wieder. Robert Twigger schreibt erstaunlich wenig über KL, obwohl er sich Wochen in der Stadt aufhielt. Man spürt seinen Widerwillen, mehr als notwendig KL zu erwähnen, sein Bericht konzentriert sich nur auf einige wenige Begegnungen in der Stadt. Wir können nur wenig Zeit der Stadt widmen, flashartig dringen die Eindrücke auf uns ein. Genug, um uns davon zu überzeugen, das Land für die nächste Reise auf die Agenda zu setzen. Das ist das Faszinierende: Es gibt immer ein „nächstes Mal".

Wir befinden uns in der Hauptstadt eines Schwellenlandes, wo die Schwelle gespürt und miterlebt werden kann. Einerseits baut der Staat südlich von Kuala Lumpur mit „Cyberjaya" eine Art malaysisches Silicon Valley, das seit 1999 von Jahr zu Jahr unter Einsatz von großen Geldmitteln wächst und wächst.

malaysisches Ministerium

Andererseits sehen wir in den Balustraden eines Ministeriums Menschen sitzen, die den uralten Beruf des Schreibers ausüben. Ausgestattet mit Reiseschreibmaschinen aus den Siebzigerjahren, erstellen sie für ihre Kundschaft Eingaben und Briefe, die unmittelbar bei den zuständigen Beamten im Amtsweg abgegeben werden. Den Beruf des Schreibers gibt es nicht nur in Malaysia. Cees Nooteboom bemerkt bei seinem Besuch in Guadalajara (Mexiko) verblüfft: „Auf einem Bürgersteig in der Nähe des Gerichtsgebäudes sitzen echte Schreiber, keine Schriftsteller, sondern solche, die von anderen gebraucht werden, um für sie zu schreiben".

Ein jahrtausendalter Beruf wie der des Schreibers stirbt nicht einfach aus. Immer wenn es zu Spannungen zwischen Fortschritt und Tradition kommt, zu einem Zwiespalt zwischen den drängenden und beharrenden Kräften, übernehmen findige Menschen die Vermittlung. Dienstleistung übernimmt hier eine Art Brückenfunktion im „Cultural-lag".

Petronas Towers

Natürlich wollen wir das Wahrzeichen der Stadt, die Petronas Towers besichtigen. Sie liegen im neuen Kuala Lumpur City Centre (KLCC), das 1993 aus dem Boden gestampft wurde. Es umfasst auf einer Fläche von rund 100 Hektar Bürogebäude, Einkaufszentren und Hotels, aber auch Parks und umfangreiche Grünflächen. Mitten im KLCC erheben sich die 454 Meter Hohen Petronas Towers. Wir erleben die Petronas Towers bei Sonnenuntergang von einer Bar auf dem Dach eines Luxushotels aus. Den Tipp erhielten wir von einer Lady (jedenfalls der Kleidung nach) die für eine UN-Organisation arbeitet und ihre Gäste immer in diese Bar führt.

Diese Bar präsentiert sich genau genommen als exquisites Schwimmbad mit Getränkeausschank, wobei die Tische über Bretter über der Wasseroberfläche zu erreichen sind. Das Bier ist für malaysische Verhältnisse teuer (umgerechnet rund zwei Euro), aber der Sonnenuntergang und die beleuchteten Türme zeigen sich atemberaubend. Ein echtes touristisches Highlight und wir erleben das „Feeling" echter Touristen. Gott sei Dank finden sich in der Bar keine Touristen, abgesehen von einigen Hotelgästen. So sind wir im Tourismusfeeling alleine.

Falls es jemanden interessiert, Sean Connery turnte auf der kleinen Brücke zwischen den beiden Türmen herum. Genau genommen tat er das nicht selbst, weil die Szene nachgebaut wurde, da Sean Connery nicht mehr zu den Jüngsten zählt, aber allein die Vorstellung davon erzeugt ein Kribbeln.

Auf der anderen Seite beobachten wir die Berufsastrologen im chinesischen Viertel, die am Straßenrand ihre Dienste anbieten und über Nachfragemangel nicht klagen können. Das Viertel versinkt in chinesischen Utensilien, die die Straßenläden und Geschäfte in Farbe förmlich „ertränken". Ebenso trifft man auf jede Menge Straßenhändler,

chinesisches Flair

besonders vor den Hindutempeln, die selbstproduzierte Devotionalien verkaufen. Das alte, typische Asien ist in Kuala Lumpur noch vorhanden und quasi „ums Eck" zu finden.

Batu-Höhlen mit Lord-Muruga-Statue

Unser nächster Weg führt uns aus der Stadt hinaus in Richtung Batu Höhlen. Wir nehmen dazu den vorbildlich ausgebauten Zug. Aber Achtung! Schnell bringt man sich in ziemliche Troubles, indem man einfach einsteigen will. Es gilt, Warntafeln zu lesen und an diesem Waggon prangt eine solche mit der Aufschrift „For Ladies only". „Islamische Sitten", denkt man sich und nimmt den nächsten Waggon.

Könnte sonst sein, dass aufgrund einer Justizreform die Malaysier die neuesten Methoden islamischer Gerichtsbarkeit am edlen Körper meiner Wenigkeit ausprobieren. Meine Innovationsfreudigkeit hält sich in dieser Hinsicht in Grenzen.

Die Batu-Höhlen durchziehen eine kleine Gebirgskette im Norden von Kuala Lumpur. Sie wurden von indischen Arbeitern in der britischen Kolonialzeit systematisch mit hinduistischen Tempeln ausgestattet und bilden heute ein wichtiges spirituelles Zentrum für die indische Gemeinde in Malaysia. Zu erreichen ist die Höhle über eine steile Treppe, die einen Höhenunterschied von gut hundert Metern mit 272 Stufen überwindet. Diese Treppe zu schaffen braucht es eine gute körperliche Kondition und viele Inder, die dort arbeiten, nutzen sie auch als Fitnessstrecke.

"Kann man das essen?"

Die Treppe wird von Affenhorden beherrscht, die regelmäßig von den Touristen ihren Tribut in Form von Essen einfordern. Wehe, wenn dieser Tribut nicht geleistet wird! Wer nicht freiwillig gibt, gilt bei den Affen als Freiwild, den zu bestehlen als Ehre zu betrachten ist. So geschieht es mit einer deutschen Touristin, die plötzlich ihre frisch gekaufte CD vermisst.

Mit schnellem Griff fasste sie der Affe und verschwand mit der Beute im Baum, die deutsche Touristin in ihrer Verzweiflung zurücklassend. Während der Affe heraus zu finden versucht, ob man dieses komische Ding essen kann, bewegen wir uns in die Höhlen. Tatsächlich wird jede Cave in dem Höhlensystem für einen Tempel genutzt und ständige Tantra-Gesänge durchschwirren den Raum. Erstaunlicherweise besuchen auch viele Muslime die Tempelanlagen, besonders Frauen in Burkas.

Deshalb sollte man nicht vergessen, dass die Mehrheit der Malaysier der islamischen Gemeinschaft angehört. Die Stadt wird von Moscheen dominiert, darunter die in den Fünfzigerjahren erbaute nationale Moschee Masjid Negara.

Gerade in der Hauptstadt als lebendiges Zentrum zeigt sich ein besonders tolerantes Verhältnis zwischen den Religionen, öffentlich kann man kaum Muslime der strengen Ausrichtung (wie wir sie in Kairo finden werden) sehen. In den Medien ist zu spüren, dass die Regierung bewusst einen toleranten Stil pflegt und jeder Radikalisierung entgegen arbeitet. Das zu erkunden wird dem nächsten Aufenthalt vorbehalten sein.

Es wird Zeit, Kuala Lumpur zu verlassen. In einem Cafe am Flughafen treffen wir zwei norwegische Damen, längst im

Masjid Negara Moschee

Rentenalter und etwas überstürzt in ihrer Abreise. Sie wurden in ihrem Fünf-Sterne-Hotel um ihr Geld und Kreditkarten erleichtert. „Wir waren beim Frühstück und die Tasche stand auf dem Tisch neben mir", berichtet die eine Norwegerin. Dann begann für sie der Spießrutenlauf von der Polizei zur Botschaft mit dem bürokratischen Aufwand der Kartensperre und der Ausstellung der Ersatzdokumente. Wir erzählen von unserem Guesthouse der untersten Hotelkategorie (sofern es noch eine solche gibt) und gestehen ein, dass wir uns an solchen Orten sicherer fühlen, als in den teuren Hotels. Die wenigen Wertsachen tragen wir am Körper und in der Gasse mit dem Guesthouse herrscht ein dichtes Nachbarschaftsnetzwerk vor, das den Dieben die Ausübung ihres Gewerbes deutlich erschwert. Wir merken aber, dass wir bei den beiden skandinavischen Damen auf völliges Unverständnis stoßen.

Der Flug nach Sydney gibt uns Zeit, über Australien und seine Beziehung zu Südostasien nachzudenken. Malaysia und Singapur stehen jedenfalls in enger historischer und sicherheitspolitischer Beziehung zu dem großen Nachbarn weit im Süden. Für Australien bildete Malaysia mit Singapur vom 19. Jahrhundert an eine wichtige (wenn nicht die wichtigste) Verteidigungslinie gegenüber

31

Kapitulation Singapurs

Bedrohungen besonders aus dem Norden. Die britische Flotte mit der mächtigen Festung Singapur garantierte dem Commonwealth of Australia eine militärische Sicherheit, die sich bald als trügerisch erweisen sollte.

Die Eroberung Singapurs 1942 durch japanische Truppen infolge inkompetenter britischer Führung führte zu einem Verlust von 15.384 australischen Soldaten als Kriegsgefangene und in Australien zu einem prägenden Schock. Dieses Ereignis leitete den Prozess der Loslösung des Landes vom Mutterland Großbritannien ein. Als Schlüsselereignis für diesen Prozess kann man den 17. Februar 1942 ansehen, als der australische Premier Curtin die Verlegung der australischen 7. Division nach Burma verweigerte. Erstmals stellte sich Australien offen gegen den Willen des Mutterlandes und setzte eigene Interessen als Priorität.

Malaysia blieb bis heute mit Australien sicherheitspolitisch verbunden. 1955 kehrten die Aussie-Truppen auf die Halbinsel zurück, um kommunistische Guerillas zu bekämpfen und die malaysische Regierung zu stützen In der Zeit der Konfrontation zwischen Malaysia und Indonesien 1964 bis 1966 standen australische Soldaten in Borneo und australische Kampfflugzeuge sicherten den Luftraum. Diese Zusammenarbeit wurde von den beiden Staaten nie aufgegeben. Noch immer existiert der australische Luftwaffenstützpunkt in Butterworth bei Penang, der einzige außerhalb Australiens. Und die Luftwaffe Singapurs nutzt die RAAF Base Pearce bei Perth als Ausbildungsstützpunkt. Man kann davon ausgehen, dass die militärische Kooperation von Malaysia und Singapur eher zunehmen wird, wenn man die schwierigen Beziehungen Australiens mit dem schwierigen Nachbarn Indonesien bedenkt.

Die Ausrichtung der australischen Außenpolitik und Ökonomie auf Asien zeigt sich rückblickend gesehen als langwieriger und schmerzvoller Prozess für das Land. Mit der Gründung des Commonwealth von Australien sah sich der junge Staat grundsätzlich als Teil Europas und Element des britischen Kulturkreises.

Der britische Historiker Niall Ferguson spricht von einer „Anglicization" („anglosaxon Civilization"), die das Mutterland und seine englischsprachigen Kolonien umfasste. Bewusst trieb man eine „White Policy", die besonders die Einwanderung aus dem britischen Mutterland in den Mittelpunkt stellte. Als Teil des Commonwealth war eine andere Politik nicht vorstellbar, man gab sich britischer als die Briten.

Man betrachtete den roten Kontinent als für die weiße Rasse gleichsam „reserviert". Der erste australische Prime Minister Edmund Barton konnte noch im australischen Parlament folgendes Statement abgeben:

muslimische Einblicke

„I do not think that the doctrine of the equality of man was really ever intended to include racial equality. There is no racial equality....These races are in comparision with white races … inequal and inferior." (Protokolliert in: Commonwealth Parlamentary Debates, 26.09.1901).

Starker Tobak, besonders für mitteleuropäische Ohren, aber er traf den kolonialistischen Zeitgeist. Asien wurde mehr als Bedrohung, denn als Chance empfunden. Die Abneigung gegenüber den Asiaten im allgemeinen und den Chinesen im besonderen äußerte sich in der Karikatur des Mr. Wong, einem in Australien eingewanderten Chinesen, der seine Einbürgerung gerichtlich erreichen wollte. Als der international angesehene Geograph Griffith Taylor es 1923 wagte, für eine Öffnung der Einwanderungspolitik in Richtung Asien zu plädieren, traf ihn der Hohn der Öffentlichkeit. Die Presse diffamierte ihn als „croaking pessimist" und unterstellte ihm „mental chilblains".

WILL SOMEBODY TELL HIM?
Professor Griffith Taylor (Sydney University) asks: Why are we so horror-stricken at any suggestion of marriage with Mongolians?

Griffith Taylor lampooned by the popular press. Daily Telegraph, 25 June 1923.

zeitgenössische Karikatur

Taylor zog es danach vor, einen Lehrstuhl in Chicago anzunehmen. Die Atmosphäre in Chicago der zwanziger Jahre (mit so netten Herren wie Al Capone) erschien ihm angenehmer als die gesellschaftliche Atmosphäre in Sydney (wir werden Taylor später noch einmal treffen).

Der zweite Weltkrieg mit der danach folgenden historischen Phase der Dekolonisation mit dem Rückzug Großbritanniens aus Südostasien erzwang eine Neupositionierung der australischen Politik (besonders die Politik des „White Australia"). Mit den USA als neue militärische Schutzmacht an seiner Seite kämpfte Australien in Korea und Vietnam und gilt als einer der treuesten Verbündeten der Großmacht (Manche nennen es „Hilfssheriff der Amerikaner"). Trotz der oder gerade wegen der Globalisierung holte Australien sein Schicksal in Form der Geographie ein. Mir fällt in meinen Unterlagen folgendes Zitat auf: „Das Sturmzentrum der Welt hat sich … nach China verschoben. Wer dieses mächtiges Reich versteht, ...hält den Schlüssel zur Weltpolitik … in der Hand." Ein erstaunliches Zitat, das nicht von einem Kommentator des Sydney Herald oder der Financial Times von heute getroffen wurde, sondern von dem heute längst vergessenen US-Außenminister John Hay aus dem Jahre 1899 stammt.

Ostasien bestand schon in vorkolonialer Zeit aus nationalen Staaten, die heute (wieder) existieren. Mit der Entkolonialisierung begannen sich die alten, jahrhundertelang entwickelten Machtstrukturen sowohl politisch als auch ökonomisch wieder zu etablieren. Das erzwang nach dem Zusammenbruch des britischen Empires und dem gescheiterten Versuch einer US-amerikanischen Hegemonie in Ostasien ein Umdenken in der australischen Politik. Gleichzeitig begann man in Canberra zu akzeptieren, dass die Zukunft des Landes im asiatischen Raum liegt.

asiatische Aussichten

Das moderne Asien

Seit den Achtzigerjahren des vorigen Jahrhunderts gilt es bei den australischen Großparteien als außenpolitischer Konsens, die asiatische Integration voran zu treiben. Eine solche Politik macht Sinn. Australien ist eine Rohstoff produzierende Nation, 15% der weltweit geförderten Eisenerze und Steinkohle stammen aus Australien. Dazu kommen noch Rohstoffe wie Bauxit, Diamanten und Uran. Für die rasch wachsenden Ökonomien Südostasiens erscheint Australien als Rohstofflieferant unverzichtbar, insbesondere China intensiviert sukzessive seine Wirtschaftsbeziehungen mit dem roten Kontinent.

Der Hauptstrom der Einwanderer kommt jetzt aus Asien, sowohl auf legalem, als auch auf illegalem Wege. Bereits 2% der Australier geben an, Mandarin als Muttersprache zu sprechen und die Chinatowns in den australischen Großstädten wachsen und gedeihen. Kein Wunder, dass sich niemand überrascht zeigt, dass ein australischer Premier fließend Mandarin spricht. Wenn das sein Vorgänger Barton hundert Jahre früher gewusst hätte! Es gibt jedenfalls bereits ein White Paper mit dem Titel "Australia in the Asian Century" aus dem Jahr 2012, in dem auf voluminösen 320 Seiten die zukünftigen politischen Linien in

keine Muslimin

Richtung Integration in die asiatischen Märkte festgelegt wurden.

Gleichzeitig sieht sich Australien einer unbewaffneten aber stetigen Invasion von Norden her ausgesetzt. Von Indonesien aus stechen Tag für Tag Wirtschaftsflüchtlinge mit „Booten", die diesen Namen nicht mehr verdienen, in See, um die australische Küste zu erreichen. Man errichtete ein Flüchtlingslager in Nauru, um Flüchtlinge am Betreten des Kontinents zu hindern, und die nach Norden vorgelagerten Inseln wurden per Gesetz zu „ausgegliederten" Territorien erklärt.

News aus Süd-Ost-Asien

Nachdenklich blicke ich von meinen Unterlagen und den Zeitungen auf, die an Bord den Passagieren ausgeteilt wurden. Nicht nur wir, auch Länder reisen. Australien befindet sich auf einer mehr als hundertjährigen Reise aus dem Kulturkreis des britischen Empire in den südost-asiatischen Kulturkreis. Das müssen die Australier erst mal verdauen. Aber der Kontinent reist auch physisch: Mit wenigen Millimetern pro Jahr nähert sich Australien dem asiatischen Kontinent und somit auch uns, die sich mit mehreren hundert Kilometern pro Stunde nach Süden bewegen. Bald werden wir uns treffen!

EIN MALAYSISCHES MENÜ

HUMMUS

200 g Kichererbsen über Nacht einweichen. Mit frischem
Wasser ansetzen und kochen bis sie weich sind. Abseihen,
abkühlen und mit den anderen Zutaten zu einem sämigen Brei
mixen. (Soviel Kochwasser dazu geben bis eine dicke, cremige
Masse entsteht)
2 EL Knoblauch
Zitronensaft von 2 Zitronen
3 EL Olivenöl
3 EL Tahina (Sesampaste)
Salz
Abschmecken, anrichten, mit Kreuzkümmel bestreuen, mit
einem Schuss Olivenöl und einer Olive garnieren.

MALAYSISCHES LINSENDHAL

So wird es gemacht:
250 g rote Linsen
400 ml Kokosmilch
1 Zwiebel fein gehackt
2 Tomaten geschnitten
1 TL Kurkuma
2 Stück grüne Chillies und
300 ml Wasser ....ca. 20 Minuten köcheln.
Wenn die Linsen weich sind, röste
1 feingeschnittene Zwiebel in
2 EL Olivenöl
würze mit Salz, frischen geschnittenen Curryblättern und
Korianderblättern und gib es über den Linsendhal.
Serviere dazu Fladenbrot.

POTATO-CURRY

2 Süßkartoffeln, geschält und gewürfelt
1 Zwiebel in Würfel schneiden und in
4 EL Olivenöl anrösten.
2-3 TL Currypaste und die Kartoffeln dazu geben.
Gieße mit
400 g Kokosmilch auf und koche es einige Minuten durch.
200 g Babyspinat schneide grob und mische es unter das Currygericht.
Serviere es mit Naan Brot (in einem Tongefäß gebackenes Fladenbrot).

FRUCHTSALAT MIT PFIFF- passt zu süßem und würzigem Curry

2 Äpfel, entkernt, gewürfelt und mit Zitronensaft beträufelt
2 Karotten, gewürfelt
2 Orangen, geschält, gewürfelt
1 Gurke, gewürfelt
1 Mango geschält und gewürfelt
Zitronensaft
1 Bund Korianderblätter, gehackt
1 TL gerösteter gemahlener Kreuzkümmelsamen
½ TL frisch gemahlener schwarzer Pfeffer
Salz
Alle Zutaten vermengen und den Salat vor dem Servieren ruhen lassen.

KULA-LUMPUR-CHUTNEY

100 g Kokosraspeln in der Pfanne rösten, bis sie Farbe annehmen.
1 Ananas schälen, die harte Mitte entfernen und Ananas in mundgerechte Würfel schneiden
2 scharfe Chilischoten in dünne Scheiben schneiden
Saft einer Zitrone
Salz
Alle Zutaten vermengen und Kokosraspeln dazu geben.
Abschmecken, anrichten und mit Minze garnieren.

In der Welt der Flughäfen und der Flugzeuge herrschen strenge Rituale vor, die zur Besänftigung der Gottheit der Sicherheit dienen. Es beginnt mit dem Betreten des Flughafens mit mehrfachen Sicherheitschecks und endet mit dem Verlassen mit Kontrollchecks. Aber auch an Bord der Flugzeuge richteten die einzelnen Länder eigene Kontrollrituale ein, insbesondere Australien zeigt eigene Vorlieben. In Fragebögen wird abgefragt, ob wir organisches Material ins Land importieren (insbesondere Lebensmittel), Säckchen zur Entsorgung von allem Essbaren werden ausgegeben. Wir gestehen auch ein, dass wir keinen kleinen schwarzen Koffer mit Schwarzgeld mit uns führen. An der Zollkontrolle werden uns die Priester der Sicherheitsgottheit in Form von streng blickenden Beamten mit Spürhunden wieder einholen.

Unsere Boeing setzt sanft auf und für uns beginnt ein großes Abenteuer. Unsere Mission lautet, Englisch zu lernen. Wenn es Englisch sein muss, dann ist es am besten, ein Land mit angenehm warmem Klima zu suchen, das Englisch spricht. Das ist aber nicht

Sydney

Der australische Archipel

Sydney von Lane Cove aus gesehen

leicht, denn die Angelsachsen, so scheint es, bevorzugten kühlere Gefilde. Eine genaue Suche ergab Australien als idealen Ort. Erstaunlicherweise galt diese Erkenntnis nicht unbedingt für die Entdecker und Kolonisatoren. Angefangen mit den Portugiesen machten alle Kolonialmächte einen großen Bogen um Australien und hielten es nicht der Mühe wert, auch nur einen Gedanken an den Kontinent zu verschwenden.

Der US-amerikanische Reiseschriftsteller Bill Bryson schreibt noch heutzutage: „Australien ist der trockenste, flachste, heißeste, ausgedörrteste, unfruchtbarste, klimatisch aggressivste aller bewohnten Kontinente." Erst als den Briten die traditionellen Strafkolonien in Nordamerika verloren gingen, begann ihr Interesse am südlichen Kontinent zu wachsen. Gerade die Entfernung prädestinierte das Land als Zielort für die „Erniedrigten und Beleidigten" (Dostojewsky).

So könnte Sydney 1788 ausgesehen haben.

Genau genommen dachte man sich 1788 Australien als riesiges Gefängnis mit 40.000 Kilometer dicken Mauern. Kein anderes Land entstand auf diese Weise. In der Auswahl der „Convicts" nahmen die Briten keine Rücksicht auf die Bedürfnisse einer Kolonie. In der „Grand Fleet" von 1788 befand sich vom neunjährigen John Hudson bis zur zweiundachtzigjährigen Dorothy Handland die volle Bandbreite britischer gerichtlicher Verurteilungen. Das Wachpersonal konnte man auch nicht als Elite des Empires bezeichnen, das New-South-Wales-Korps zeichnete sich eher durch verschiedene zwielichtige Geschäfte aus. Bezeichnenderweise gilt die Rum-Rebellion als ein Höhepunkt in der Geschichte des Korps.

Es brauchte rund 20 Jahre, um eine anständige Kolonie auf die Beine zu stellen. Natürlich begann nach den ersten Jahrzehnten der Existenz der australischen Kolonien auch eine reguläre Einwanderung, die allerdings nicht unbedingt eine kolonialistische Elite darstellte. Ludwig Leichhardt berichtete von seiner Reise in die

Governors Palace in Paramatta

„verrufene Strafkolonie", dass sich an Bord seines Schiffes 250 englische Auswanderer befanden, die so bettelarm waren, dass ihre Überfahrt von der britischen Regierung bezahlt wurde. Es fuhren nur 20 selbstzahlende Passagiere mit. Australien kann damit als Beispiel für das Zwangsreisen dienen.

Trotz seiner Rolle als Strafkolonie bildete Australien ein Element einer kolonialistischen Strategie, die der britische Historiker Niall Ferguson „Angloglobalization" nennt. Mit diesem Begriff wird eine Form von Kulturtransfer bezeichnet, die neben ökonomischen Rahmenbedingungen auch britische Kultur und Lebensart, sowie britische Institutionen wie das Rechtswesen und die Politik umfasste. Allerdings schuf Großbritannien mit Australien (im Gegensatz zu den übrigen Kolonien) ein Paradox. Obwohl das Mutterland bis in die Mitte des 19. Jahrhunderts mehrheitlich Verbrecher und gesellschaftlich Ausgestoßene mit einer Dosis an antibritischen Revolutionären in den fernen Kontinent sandte, bemühten sich die Australier britischer zu sein als die Briten selbst.

Charles Darwin spürte diese Angloglobalization bei seinem Besuch von Sydney: „Am Abend ging ich durch die Stadt und kehrte voll von Bewunderung über die ganze Szene zurück. Es ist ein äußerst großartiges Zeugnis für die Kraft der britischen Nation." Er betont die große Ähnlichkeit mit England, nur „die Bierhäuser" wären zahlreicher. Schon um 1840 konnten die Australier eine Menge Alkohol vertragen! Darwin sieht die ihm noch präsente Gegenwart Australiens als Strafkolonie nicht als Nachteil, im Gegenteil. Denn dann können sich „Vagabunden, die in der einen Hemisphäre völlig nutzlos sind, in tätige Bürger in einer anderen" umwandeln.

altes und neues Sydney

Entscheidend ist „das Hissen der englischen Flagge", denn das führt „als sichere Folge" zu Wohlstand und Zivilisation. Das ist Sydney, benannt nach einem englischen Politiker, dessen einzige dauerhafte politische Leistung darin bestand, zu entscheiden, ob die Grand Fleet nach Afrika gehen soll oder nach Australien.

Genau genommen stellt Sydney aus britischer Sicht einen städteplanerischen Fehlschlag dar. Die übliche britische Strategie der Koloniegründung sah erst den Bau eines Hafens vor und danach die eigentliche Kolonialstadt im Landesinneren außerhalb der Kanonenschussweite. Nach britischer Logik sollte das Stadtzentrum deshalb in Paramatta liegen, aber die historische Stadtentwicklung lief aus dem Ruder und der Hafen gelangte zu Stadtehren. Resignierend akzeptierten die britischen Governors diese Entwicklung und übersiedelten von Paramatta nach Sydney. Wir empfehlen übrigens den Besuch von Paramatta mit der Fähre von Sydney Harbour aus. Dadurch erlebt man die Bucht von Sydney in der gesamten Länge und Pracht. Das sollte man selbst bei einem Kurzaufenthalt nicht versäumen.

gestaltetes Sydney

Die britische Koloniallogik ging allerdings bei den Australiern ins Blut über. Bei der Gründung der Hauptstadt Canberra planten sie auch einen Hafen mit (eine große Stadt braucht einen Hafen), gebaut wurde er allerdings nie. Noch heute gehört die Beecroft Peninsula zum Australian Capital Territory (ACT), nur weiß das kaum jemand mehr.

Mit der Koloniegründung kam es aber zu einer weiteren, für Australien typischen Entwicklung: Der Dominanz mehrerer Metropolen über eine große Landmasse. Die fünf City-Zentren umfassen 80% der Bevölkerung, ein beeindruckender

Urbanisierungsgrad. Kein anderes Land, ausgenommen Stadtstaaten kann einen solchen Grad vorweisen.

Natürlich sucht man in der Wissenschaft nach Erklärungen. In der Ökonomie spricht man von der Second Nature These. Mit dieser werden räumliche Ballungen als Ergebnis von dichten Märkten, positiven Technologieeffekten und Marktgrößeneffekten erklärt. Eine andere These vertritt Tim Flannery (diese wird im Flinders-Range-Kapitel ausführlicher beschrieben). Flannery geht davon aus, dass die Größe des Landes, das Klima, die Ökologie und die geringe Bevölkerung zur Bildung von Metropolen führt, bei dünner Siedlungsdichte im Outback. So kam es zur Bildung eines regelrechten Metropolenarchipels in einem weiten Landmeer. Der Wirtschaftswissenschaftler David Fleming spricht deshalb von der Widerstandskraft (Resilienz) einer Gesellschaft. Mittels einer solchen Siedlungsstruktur ist Australien in der Lage, den schwierigen Klimaverhältnissen standzuhalten.

Die urbane Kultur ist in den australischen Metropolen so dominant, dass urbane Bewegungen wie das "Urban Gardening" oder ein eigenes Food Policy Council mit dem Ziel, den Anbau von Obst und Gemüse zu fördern, un-denkbar erscheinen. Während in Europa die Countryside einen signifikanten Einfluss auf die urbane Kultur besitzt, versucht man in Australien, sich vom Outback abzugrenzen.

Das urbane Sydney

Deshalb schreibt Jared Diamond mit Recht, dass die meisten Australier kaum mehr Beziehungen zur australischen Umwelt pflegen. Sie leben einfach nicht mehr darin, sondern in einer der fünf City-Zentren. Für sie liegt Singapur oder Hawaii näher als das Outback vor der Tür. Man muss es einfach hier und jetzt sagen: Der typische Australier sieht nicht aus wie Crocodile Dundee, sondern trägt einen Nadelstreifanzug mit Krawatte.

43

Das Land westlich der Blue Mountains ist ihm genauso vertraut wie die Rückseite des Mondes, aber in Singapur oder Bangkok findet er jedes In-Lokal, Spezialrestaurant oder Bar mit verbundenen Augen. 2009 finanzierte die australische Regierung ein Programm mit dem Namen C-Change um Sydney-Sider (Einwohner Sydneys) zur Übersiedlung in eine „regionale" Stadt zu bewegen. Unter der Devise „There is more than Bush over the Great Dividing Range" versuchte man, Städte wie Dubbo schmackhaft zu machen.Großer Erfolg ist dem Programm bis jetzt nicht beschieden.

Hermine im Pub

Die Wahrnehmung des Raumes spielt in der Psychologie des Australiers eine große Rolle. In der Psychologie spricht man von der Mental Map Man, die die Geographie im Kopf festlegt. Man nimmt schnell das großräumige Denken des Australiers an. Räume schrumpfen auf zeitliche Distanzen. So war es kein Problem, dass unser alter Freund Josef Frank uns aus seinem Taxi auf dem Weg zum Flughafen von Bangkok anrief: „Hallo Leute, treffen wir uns im Fortune of War?" Er erreichte uns im Auto nach Melbourne: „Machen wir, ruf an, wenn du in Sydney ankommst." Als wir im Flughafen von Melbourne die Koffer einchecken, kommt der nächste Anruf: „Bin angekommen. Treffpunkt 8 Uhr im Pub." Pünktlichst durchschreiten wir drei Stunden später die Pforte des Pubs und das gemeinsame Bier wurde fällig. In keinem Moment dachten wir an die Entfernungen, für uns zählten als Mess-einheiten nur die Stunden. Eine Selbstverständlichkei, die für einen Mitteleuropäer außerhalb der Wahrnehmung liegt (ich bin übrigens Josef noch ein Bier schuldig. Sorry Josef, es wird ein bisschen dauern).

Hermine meint, dass ich ein Pub selbst im Outback auf eine Entfernung von mindestens hundert Kilometern wittere. Das mag übertrieben sein, aber aus irgendeinem unerfindlichen und unerklärlichen Grund endet jeder Weg vor einem Pub oder Hotel, wie sie in Australien auch genannt werden. Diese seltsame Namensgebung beruht auf einer längst vergessenen Gesetzgebung, die nur Hotels Alkoholausschank erlaubte. Findige Australier bauten einfach ein oder zwei Zimmer zu dem Pub, die theoretisch gemietet werden konnten.

Josef und Ich

Aber mein Objekt der Begierde bildete nicht ein Pub, sondern ein Club. Ich wollte unbedingt Mitglied eines australischen Clubs werden und es bot sich ein örtlicher Club in Lane Cove, nur wenige Schritte von unserer Wohnung entfernt, an. Mit dem für uns typischen Selbstbewusstsein begehrten wir den Manager zu sprechen. Dieser Manager, erfreut ob unseren Interesses, präsentierte stolz seine Einrichtung. Bei allen seinen Erklärungen machte mich sein Dialekt stutzig: „Sind Sie Österreicher?", musste ich einfach fragen. „Ja", war seine Antwort, „aus Weigelsdorf". Wenn man weiß, dass Weigelsdorf als Ortsteil von Ebreichsdorf nur 10 Kilometer von Baden entfernt liegt, fällt einem nur die alte Weisheit ein: „Die Welt ist ein Dorf." Reinhard, so heißt der Manager, wurde unser guter Freund und wir langjährige Clubmitglieder.

Reinhard verschaffte uns den Zugang zum Österreicher-Netzwerk in Sydney. Dieses Netzwerk bewährte sich bei der Arbeitssuche. Unsere ersten Jobs fanden wir in einem typisch österreichischen „Schnitzelhouse", betrieben von einem Vorarlberger Koch, der davor sein Restaurant in Südafrika betrieben hatte. Hermine kämpfte in der Küche mit Schnitzeln, Stelzen (!) und Palatschinken. Ich selbst betätigte mich als Runner, als jener, der die Tische an- und abräumte. Die beste Gelegenheit, den australischen Dialekt zu lernen. Einen anderen Job verschaffte mir die Alkohollizenzierung in einem Club. Dem Clubrestaurant war der Ausschank von Alkohol nicht erlaubt, die Gäste durften aber von der benachbarten Bar Drinks ordern. Hier kam aber eine zweite Eigentümlichkeit des australischen Gesetzes zum Tragen. Unter 21-Jährige durften sich der Bar auf maximal drei Meter (angezeigt durch Streifen am

Pub in Sydney

Fußboden) nähern. Das Restaurantpersonal bestand allerdings ausschließlich aus jungen Leuten, bis auf meine Wenigkeit. Meine Karriere als Getränkekellner war gesichert.

Die eigentümliche Beziehung zum Alkohol führt auch zu einem seltsamen Lizenzierungssystem in der Gastronomie. Es gibt Lokale, die das Mitbringen von Alkohol erlauben, aber selbst nicht ausschenken. Andere wiederum servieren Alkohol nur zu Speisen. Die höchste Stufe bildet das fully licensed, der volle Alkoholservice. Nebenbei bemerkt ist Alkohol mit mehr als 50% Alkoholanteil verboten, wodurch der Besitzer des Schnitzelhauses eine Sondergenehmigung für den Import von 80%igem Rum für Kochzwecke benötigte. Dieser Rum besitzt eine magische Anziehungskraft für die australischen jungen Burschen. Mehrmals konnte ich miterleben, wie diese Burschen Fantasiesummen für ein kleines Glas, ein „Stamperl", Rum boten. Gerry lehnte die Angebote übrigens aus gutem Grund ab: Nach der australischen Rechtslage haftet der Wirt für seine Gäste mit, wenn er nicht nachweisen kann, dass er selbige rechtzeitig vor der Trunkenheit auf die Straße gesetzt hat. Ein solches Gesetz sollte man in Österreich wagen!

Wir beobachten jedenfalls, dass der Alkoholmissbrauch der jungen Leute in Sydney jedes Wochenende ihre dramatischen Spuren in der Stadt hinterlässt. Mehr als einmal mussten wir auf dem Heimweg nach Dienstende samstags Nacht buchstäblich über „Schnapsleichen" steigen. Dies ist umso erstaunlicher, da man an sich in den Lokalen strikt kontrolliert und Alkohol im Einzelhandel nicht leicht zu kaufen ist. In Supermärkten sind Wein und Bier nicht erhältlich, der Verkauf ist speziellen Liquorshops bzw. den lizenzierten Pubs vorbehalten. Wir haben es erlebt, dass bei Aldi Likörpralinen zum Verkauf angeboten wurden. Diese schlüpften offensichtlich durch die strengen Kontrollen des australischen Zolls. Innerhalb kürzester Zeit waren sie ausverkauft.

Sieht man sich die Konsumstatistiken an, dann bewegt sich Australien durchaus im durchschnittlichen Rahmen: Bei Bier an 10. Stelle und bei Wein an 17. Stelle. Die australische Regierung schätzt aber die jährlichen Kosten durch den Alkoholmissbrauch auf 5,5 Milliarden Dollar. Ein Grund, bereits 2006 mit einer National Alcohol Strategy zu starten.

Dieses Verhalten wird noch durch die eigentümliche angelsächsische Sitte der Happy Hour unterstützt. Zu bestimmten Zeiten, gewöhnlichen gegen Abend, werden die Drinks in den Pubs und Hotels zu besonders günstigen Preisen angeboten. Dieses Angebot wird gerne von jungen Leuten genutzt, die auf diese Weise ihr Budget schonen. Uns erscheint das Problem in der fehlenden Trinkkultur zu liegen. Das Konsumverhalten basiert auf der streng reglementierten britischen Tradition, in der sich der Alkoholkonsum auf wenige Stunden am Tag unter strengen Vorgaben beschränkte. In der Folge konzentrierte sich der britische Gast eher auf die Alkoholmenge als auf den Alkoholgenuss. Diese Tradition wurde in die neue Welt transferiert.

Wir nutzen die Gelegenheit, eine äußerst interessante Organisation zu besuchen, zumal diese nur zwei Bahnstationen von unserem Heim angesiedelt ist. In Nord Sydney, in Cherry-brook, liegt eine Be-treuungseinrichung für Menschen mit besonderen Bedürfnissen, mit dem Namen Inala. Gemeinsam mit der gemeinnützigen

Inala

Tochterfirma Yurunga betreut Inala 120 Klienten und beschäftigt dafür 100 bis 120 Angestellte. Gegründet 1958 ist es nicht nur die älteste Einrichtung, sondern auch gemeinsam mit der Partnerorganisation Warrah eine der wenigen noch existierenden Einrichtungen dieser Art in Sydney. Ein massives Sparprogramm in den Neunzigerjahren führte zur Streichung der meisten Betreuungsungseinrichtungen.

Tagesheimstätte Inala

Wir werden von Rebecca, einer der beiden Managerinnen, empfangen. Sie führt uns durch die Einrichtung. Formell ist Inala eine Camp-Hill-Einrichtung, die das Dorfprinzip, das gemeinsame Arbeiten und Leben an einem Ort betont. In Europa konnte diese Idee in vielen Fällen einigermaßen umgesetzt werden, in Australien stößt das Konzept auf kulturelle Grenzen.

„In Australien ist der Dorfgedanke weitgehend fremd, betont wird die Individualität," meint Rebecca, „tatsächlich sind die Verbindungen zwischen den Tagesheimstätten und Wohnstätten nur locker, die Wohnhäuser befinden sich sogar im Nachbar-Suburb". Trotzdem bemühe man sich, den Dorfgedanken aufrecht zu erhalten. Die Betreuungsplätze werden vom Staat kontrolliert und vergeben. Einfach um einen Platz anzufragen ist in Australien unmöglich und undenkbar. Wir besichtigen die Werkstätten und treffen sogar einen Klienten aus Sankt Pölten. Er ist vor einigen Jahren mit seinen Eltern nach Australien ausgewandert und freut sich, mit uns in Deutsch zu sprechen.

Inala betreibt auch eine, nach europäischen Begriffen gemeinnützige, Firma (Australian Disability Enterprise) mit dem Namen Yurunga, in der Klienten angestellt werden. „Aber wir haben große Probleme durch den Staat", erzählt Rebecca, „Yurunga wird von staatlicher Seite wie eine normale Firma behandelt. Wir müssen mit der Wirtschaft kon-kurrieren und dürfen nur productivity based wages bezahlen. Das aber benachteiligt unsere Klienten,

Wohnhäuser von Inala

die mit „normalen" Arbeitern gleichgestellt werden." Der Staat finanziert jedoch 75% der Gesamtkosten Inalas, 25% muss die Einrichtung selbst durch Spenden aufbringen. Das eigentliche Problem liegt aber in der notwendigen Bautätigkeit. Wie jede Betreuungseinrichtung wächst Inala, neue Wohnhäuser und Tagesheimstätten werden immer gebraucht. Im Moment baut man ein Cafe aus, um die örtliche Bevölkerung stärker in Inala einzubinden, Klienten Arbeit zu bieten und Einnahmen zu generieren. Alle diese Bauvorhaben muss aber Inala selbst finanzieren, Bauzuschüsse und Förderungen wie in Österreich üblich existieren in Australien nicht.

Wir fragen natürlich nach der Ernährung der Klienten. Seufzend führt uns Rebecca in ihr Büro und zeigt uns einen Paierstapel von ungefähr fünf Zentimeter Höhe. Ihre Erklärung zeugt von Resignation: „Das Department of Aging, Disability and Homecare (DADHC) verlangt von uns eine genaue Dokumentationen der Ernährung eines jeden Klienten und das hier", sie zeigt mit dem Finger auf den Papierstapel, „ist eine Dokumentation eines einzigen Klienten für einen Monat!" Da 40% der Klienten eine Diät benötigen, können wir uns die Leiden der Betreuer im Papierkrieg vorstellen.

Aber auch Hermine muss einen Papierkrieg führen, den Krieg mit ihren Homeworks. Es ist ernst geworden mit ihrem Englischlernen,

sie besucht jetzt jeden Tag die TAFE in Crows Nest und müht sich mit ihrem Sprachstudium ab. Der Schulweg ist aber nicht lang. Er führt von unserer Wohnung am Pacific Highway durch einen wunderschönen Friedhof, der als Heritage Site geführt wird, und dem kleinen Ortszentrum von Crows Nest zur Schule. TAFE steht für Technical and Further Education Institute und stellt eine Art Kombination von WIFI, BFI, Berufsschule und berufliche Fachschule dar. Da Australien unser duales Berufsbildungssystem nicht kennt, wird die Berufsausbildung in solchen Instituten konzentriert. Der

Der Weg zur Schule

Vorteil für uns liegt darin, dass die Englisch-Kurse der TAFE in Österreich als Berufsausbildung anerkannt werden, die Englisch-Kurse an den Universitäten hingegen nicht. Dadurch fallen sie in die Förderkriterien der Bildungskarenz.

Hermine steht vor der größten Herausforderung ihres Lebens. Ohne jemals ein Wort Englisch gelernt zu haben, muss sie Schulweg und Schulalltag bewältigen, das alles auf Englisch. Hermines Chef hielt es sowieso für eine verrückte Idee, in ihrem Alter noch Bildungskarenz zu beanspruchen (Als Leiter eines angeblich arbeitnehmerfreundlichen Betriebes hat er sie danach gekündigt). Sie stellt sich jedoch den Herausforderungen und lernt erstaunlich schnell. In ihrer Klasse befinden sich fast ausschließlich junge Asiaten, bis auf eine Peruanerin und sie als Vertreterinnen der älteren Semester. Für die Sprachpraxis gab es nur die harte Tour oder wie es Hermine ausdrückt:

Zeugnisverteilung

„Ich musste einkaufen und reden, Gerhard sagte kein Wort. Gerhard setzte mich am Spielplatz ab und ich musste mit den Müttern plaudern. Wir fuhren an den Strand und ich musste mit Leuten reden. Wir gingen in die Tanzschule, da war es am schlimmsten. Tanzen und reden, reden und tanzen, das war anstrengend!“

Das Englischüben ist aber nicht immer eine harmlose Angelegenheit. Da erscheint es angeraten, die richtigen Personen für die Konversation auszuwählen. Man kann dabei gehörig danebengreifen, so geschehen in einem kleinen Motorradgeschäft in der Nähe unserer Wohnung. Da es sich auf die Reparatur und Verkauf gebrauchter Harleys spezialisierte, findet es sofort meine Aufmerksamkeit. Dieses Geschäft mit Werkstatt dient gleichzeitig als Clubhaus für den örtlichen Biker-Club (Der Blick auf die Biker-Szene Australiens muss dem nächsten Buch vorbehalten bleiben). Dementsprechend findet man dort das entsprechende Personal

50

und Kundschaft: Männer mit einem Kampfgewicht um die 150 Kilo, in Lederkluft, mit Tätowierungen und verfilztem Haar.

Grund genug für Hermine, den Chef des Ladens, einen Koloss mit 200 kg Lebendgewicht, geflochtenem Bart, einem breit gewordenen Scheitel und Tätowierungen bis zu den

Byker-Lokal

Augenbrauen zu fragen: „Do you have bicycles here?" Sein finsterer Blick zeugt von Unverständnis und es entstehen bei mir Zweifel, ob er im Rahmen der humanoiden Evolution die Stufe des Spracherwerbs erreicht hat. Normalerweise könnte man die Situation mit einem „Oida, haun ma si zwa Jägermasta in die Venen" retten, aber ich bezweifle, dass das Wienerische bis in die Suburbs Sydneys durchgedrungen ist. Da bleibt nur ein „Ye mate, ya lookin like my bloody president" begleitet von einem Foto meines Präsidenten in der Kolonie zuhause. Tatsächlich entfleucht ihm ein gegrunztes „oh, a bloody nice guy", wodurch einerseits die Situation gerettet wurde und andererseits Klarheit besteht, dass man ihn als Mitglied der Gattung Homo Sapiens betrachten kann.

Ansonsten sind alles nette Leute, nur ärgern darf man sie nicht. So haben zwei Kleinkriminelle im Süden von New South Wales mit einem Buschmesser und Samuraischwert ein Roadhouse überfallen und übersehen, dass gleichzeitig eine Bikergang ihre Pause dort einlegte. Laut Polizeibericht verspürte der eine Kleinkriminelle plötzlich das Bedürfnis, durch das geschlossene Fenster zu springen und der andere habe sich mit einem Stromkabel selbst gefesselt. Irren ist menschlich.

„Wenn man über die Lebenden etwas wissen will, muss man die Toten aufsuchen." Diese Weisheit Nootebooms fiel mir ein, als wir in North Sydney etwas Besonderes entdeckten. Auf dem Schulweg befindet sich ein historisches Juwel, der Core Hill Cemetery. Dieser Friedhof wird seit 1974 nicht mehr genutzt, ist jetzt ein Heritage Site mit sorgfältiger Pflege. Mit Recht, denn er wurde bereits 1868 eingerichtet und zählt zu den ältesten noch erhaltenen Einrichtungen

Core Hill Cemetry

Sydneys. Wir nutzen den Weg durch den Friedhof regelmäßig für eine Ruhepause, denn er strahlt mitten im geschäftigen Nord-Sydney Ruhe und (man kann es ruhig sagen) eine gewisse Spiritualität aus.

Im viktorianischen Stil gebaut, hat jede christliche Glaubensrichtung ihre eigene Ecke. Man kann es an den Grabsteinen erkennen: Die irisch-keltischen Kreuze der Katholiken, die stolzen Denkmäler der Anglikaner, die bescheidenen Steine der Methodisten. Es fällt leicht, den jeweiligen Sektor zu erkennen. Wir nutzen für unsere Ruhepausen die steinernen Pavillons, die regelmäßig an den Gehwegen angeordnet sind. Sie bieten Kühle selbst an den heißen Sommertagen. Wie es Hermine so schön sagt: „Die Gedanken ihren Lauf nehmen lassen und dem Geist Ruhe geben".

Besonders mystisch wird der Friedhof zur Zeit der Spinnen. Ihre Netze spannen sich wie Dächer über die Wege (und Straßen). Man spaziert unten durch und sieht die Spinnen in den Netzen hängend. Die Spinnen, die ihre Netze dort weben, sind gewöhnlich harmlos. Gefährlich ist nur eine Spinnenart, die sich ausgerechnet Sydney für ihre Aktivitäten ausgesucht hat. Es ist die Trichternetz-Spinne, von den Australiern Funnelweb-Spider genannt. Ihr Biss kann für einen Menschen tödlich sein. Der Core Hill Cemetery war und ist ein Highlight von Nord-Sydney.

Ein anderes Highlight Sydneys bildet das größte Event Australiens, der Silvester. Genaugenommen ist dieser Event nichts für Kampftrinker und deren Genossen, aber ideal für gesellige Menschen, die Alkohol zum Feiern nicht unbedingt benötigen. Alkohol ist nämlich zu Silvester am Hafen absolut verboten und jeder, der das Gelände betritt, wird genauestens perlustriert. Wir wussten nicht, was uns erwartet, als wir am Nachmittag zur Oper aufbrachen. Gerade noch rechtzeitig, wie sich herausstellte. Von allen Seiten strömten die Massen in den Hafen, es gelang uns gerade noch, ein Plätzchen am warmen Asphalt zu ergattern.

Bereits um 6 Uhr abends war die Anlage wegen Überfüllung gesperrt. Es entwickelte sich eine einzigartige Feststimmung. Menschen aller möglichen Nationalitäten redeten, lachten und sangen miteinander. In der Bucht sammelten sich beleuchtete Yachten und Schiffe, vollgestopft mit Party feiernden Menschen.

Die Massen zu Silvester

Noch lag die Harbour-Bridge im Dunkeln, noch herrschte gespannte Erwartung. Zuerst gab es das „kleine" Feuerwerk für die Kinder, das aber genauso bejubelt wurde wie das große. Noch drei Stunden bis Mitternacht, man begab sich auf die Suche nach Wasser. Dann endlich war es soweit, das Neue Jahr wurde von tausenden Kehlen lautstark eingezählt und das lang erwartete Feuerwerk erstrahlte. Dieses umwerfende Erlebnis war die Anstrengung wert.

Sein Ende findet der Abend mit einer Riesenparty im Zentrum Sydneys. 50.000 Menschen bevölkern die Straßen, Musik an jeder Ecke und jedes Pub hat Stände vor seiner Tür aufgebaut (das Alkoholverbot im Freien ist offensichtlich für diese Nacht aufgehoben). Bei einer Temperatur von 25 Grad Celsius tut man sich leicht mit dem Feiern.

Das Feuerwerk

Wenn man in Sydney lebt, dann verbringt man sein Wochenende so oft es geht am Strand. Davon gibt es wahrlich genug im Großraum Sydney, Kilometer um Kilometer erstrecken sich die Strände von Norden nach Süden, mit Bussen und Bahnen leicht zu erreichen.

Manly

Zur touristischen Berühmtheit brachte es Bondi-Beach, aber die Sydneysider überlassen ihn den jungen Backpackern und wählen lieber einen ruhigeren Strand. Wir bevorzugen Manly-Beach, weil die Busstation nach Manly vor unserem Haus liegt und der Bus direkt ins Zentrum von Manly fährt. „Endstation Südsee", das hat Substanz und wer hat das schon vor der Haustür?

Der Strand präsentiert sich ruhiger, es gab während des Jahres nur einen Haiangriff (bloß ein Bein abgebissen). Gelegentlich taucht ein Hai auf, aber in der Regel stellen diese Tiere kein Problem dar. Man muss vielmehr auf die Seewespen (Jelly Fish) achten, die in Schwärmen auftreten. Mit ihren langen Fangarmen können sie Schwimmern schmerzhafte Hautverätzungen zufügen. Aber das passiert nicht oft.

In den Pubs am Strand gibt es auch Bier, während an Bondi-Beach Alkoholverbot herrscht. Es geht eben nichts über ein Bier, im Pub sitzend auf auf den Strand blickend.

Bushwalk

Vielleicht ist jetzt wieder die Gelegenheit gekommen, touristische Geheimtipps von uns zu geben. Es ist kaum bekannt, dass es in Sydney auch Bushwalks gibt. Die Metropole Sydney wird durchzogen von solchen Walks, die einem das Gefühl geben, mitten im Outback herum zu irren. Einer dieser Bushwalks beginnt gleich neben unserem Haus am Pacific Highway und führt durch einen für Sydney typischen Wald bis zur Lane Cove und endet an einem verträumten Strand.

Für eine Tagestour empfehlen wir eine Tour vom Harbour aus um die Bucht zurück zur Harbour Bridge. Die Tour beginnt mit der Fähre vom Harbour nach Manly. Die Fahrt durch die Bucht von Sydney stellt allein wegen der Oper und der Harbour Bridge eine Attraktion für sich dar. Nach einem Spaziergang durch Manly den Strand entlang kommt man in den Naturpark auf der Halbinsel und durchquert die Flak-

Oper im Abendlicht

stellungen, die Sydney im zweiten Weltkrieg gegen die Japaner beschützen sollten. Von da an führt der Weg die Bucht entlang bis zur Harbour Bridge. In den Pausen gibt es jede Menge Gelegenheit zum Schwimmen an kleinen, versteckten Stränden, wo man oft genug alleine ist. Als Abschluss überquert man zu Fuß die Harbour Bridge. Falls der Weg zu lange wird, kann man am The Spit abkürzen und den Bus ins Zentrum zurücknehmen.

Noch einen touristischen Leckerbissen wollen wir nicht verheimlichen. Westlich von Sydney zeiht sich von Norden nach Süden eine Gebirgskette, die auch als Great Dividing Range bezeichnet wird. Diese Gebirgskette mit dem schönen Namen Blue Montains trennt den schmalen, aber feuchten Küstenstreifen vom trockenen Landesinneren. Erst 1813 fand man eine Route ins

Hinterland, an der heute der Highway und die Eisenbahn verlaufen. Jetzt genügt es, in Sydney in den Zug zu steigen, um zwei Stunden später das touristische Zentrum der Blue Mountains, Katoomba zu erreichen.

Katoomba liegt an einer geologischen Bruchkante, an der in Millionen Jahren einmalige Naturdenkmäler

Blue Mountains

Eukalyptuswald bei Katoomba

entstanden. Unser Hostel liegt gleich in der Nähe des Bahnhofs und erweist sich als geradezu luxuriös. Wir spazieren die Hauptstraße Katoombas entlang und erreichen die den Cliff nach einem gemütlichen zwanzig-minütigen Spaziergang. Es empfängt uns ein atemberaubender Panoramblick über die Blue Mountains. Schlagartig wird uns klar, woher der Name stammt. Die Mountains sind mit riesigen Eukalyptuswäldern bedeckt, in denen nicht weniger als 91 Eukalyptusarten wachsen. Das Öl der Bäume verdampft in der Hitze, es bildet sich ein feiner Nebel, der als blauer Schimmer erscheint.

Three Sisters

An dieser Stelle beginnt ein Cliff-Walk, welcher der Bruchkante kilometerweit folgt. Während man sich auf und ab durch Eukalyptuswälder bewegt, bleibt einem der Ausblick erhalten. Die große Attraktion bilden die Three Sisters, eine drei-gipfelige Felsen-formation. Wir finden auch kleine Bäche mit herrlich kühlem Wasser und den einen oder anderen Wasserfall. Der größte Wasserfall ist Wenthworth Falls, wo sich das Wasser über mehrere Terrassen dreihundert Meter in die Tiefe stürzt. Am Ende des Walks erreichen wir Leura, wo wir den Zug nach Katoomba zurücknehmen.

Die Katoomba-Region verdient mehr Zeit der Erkundung. Allein in Katoomba finden sich schrullige Cafes neben originellen Galerien. Hier gibt es auch Antiquariate, in denen sich das eine odere andere Schnäppchen zu einem bescheidenen Preis findet. Auf der einen Seite findet man ein von einer christlich-fundamentalistischen Sekte betriebenes vegetarisches Restaurant. Auf der anderen Seite der Straße versucht einer der letzten Marxisten seine Hefte mit dem Titel "The New Leftist" an den Mann oder Frau zu bringen (mit

eher bescheidenem Erfolg).
Nicht zu vergessen die Pubs,
auch sie besitzen einen
eigenen Reiz. Man bemüht
sich, nicht nur Musik am
Wochenende anzubieten, es
wird sogar auf Qualität in der
Auswahl der Gruppen ge-
achtet und die peinlichen
Karaoke-Sessions bleiben
einem erspart.

Cafe in Katoomba

Es muss gesagt werden: Selbst als Tourist muss man sich für
Sydney viel Zeit lassen. Will man nicht nur die klassischen
Highlights abklappern, sondern auch die kleinen Geheimnisse und
„Goodies" und versteckten Geheimnisse erkunden, benötigt man
Zeit. Zwei Wochen sind das Mindeste, um ein Gefühl von Sydney zu
erhalten. Womit wir den entscheidenden Punkt für Australien-
reisende berühren: Australien verlangt nach Zeit, man kann es nicht
einfach mit der Jagd nach Sehenswürdigkeiten durchhetzen. Wer
Australien erleben will, muss viel Zeit einplanen, vielleicht ein Leben
lang. Wer das nicht kann, sollte vielleicht überlegen, sich lohnendere
(und weniger anstrengendere) Ziele auszuwählen.

Der Sommer neigt sich dem Ende zu, die Nächte werden kühler. Es
wird Zeit, unsere Mission anzutreten: Die Seele Australiens zu
erkunden. Unsere Köffer-
chen sind schon gepackt
(jawohl, es reichen die
kleinen Rollies), die Flüge
nach Adelaide schon
gebucht. Sydney ist uns zur
zweiten Heimat geworden
und es gibt noch Einiges
über Sydney zu berichten,
aber das bleibt dem
nächsten Buch vorbe-
halten. Unser großes
Vorhaben ist die Reise in
das rote Herz, auf diesem
Weg befinden wir uns jetzt.

Sydney im Sonnenuntergang

Wir treffen mit einem der typisch günstigen Tickets einer Billigfluglinie in Adelaide ein. Das Taxi bringt uns in ein Hostel in der Innenstadt. Sofort bemerkt man eine Eigentümlichkeit Adelaides: Das Stadtzentrum bildet gleichsam eine Insel in einem Meer von Gärten und Parks, die das Zentrum umgürten. In wenigen Schritten erreicht man einen Park oder den Murrayriver und kann in der Sonne liegen oder dem Treiben der Studenten (Joggen, lesen und faulenzen) zusehen.

Adelaide kann auf seine koloniale Vergangenheit stolz sein, denn sie ist die erste australische Kolonie, die nicht als Strafkolonie gegründet wurde. Aufgrund der klimatischen Verhältnisse in den Hügeln rund um Adelaide siedelten sich viele Deutsche an. Sie gehörten verschiedenen protestantischen Sekten an und suchten einen Ausweg aus der Enge ihrer Heimat. Eine ihrer Siedlungen, Hahndorf, wurde sorgfältig renoviert und zu einer Touristenattraktion ausgebaut.

Adelaide

Ernährung in Australien

Adelaide

Die deutsche Vergangenheit merkt man noch im Schulwesen. Deutsch wird in vielen Schulen als Fremdsprache unterrichtet. Auch der Name ist deutschen Ursprungs: Adelaide wurde nach der Prinzessin Adelheid von Sachsen-Meiningen benannt, die spätere Queen Adelaide von England (Vorgängerin von Queen Victoria).

Wir steigen im YMCA-Hostel ab, mitten im Zentrum der Stadt gelegen. Dieses Hostel bietet den Luxus von Platz und fast schon Eleganz. Als Attraktion dient ein langezogener Balkon zur Stadtseite, ein beliebter Treffpunkt am Abend. Für uns ist in erster Linie immer die Küche wichtig, denn die Qualität der Küche entscheidet über die Qualität des Hauses.

Das YMCA bietet in dieser Hinsicht richtigen Luxus: Eigene Kochzellen, eigenes Geschirr am Platz und als besonderen Service einen Sack Reis zur freien Entnahme. Unsere Vorliebe für Getreideküche zwingt zur teilweisen Selbstversorgung, die auch das Budget deutlich schont. Die Begeisterung Hermis für das Kochen steigert auch unsere Beliebtheit in jedem Hostel. Da sie grundsätzlich zuviel kocht (geringe Mengen sind nicht ihre Sache), werden die überzähligen Portionen gerne weitergegeben, mit der Folge, dass sich regelmäßig „Stammkunden" finden. Gleichzeitig kommt es zu richtigen Kochevents mit jungen Leuten, denn Hermine nutzt jede Gelegenheit, ihr Englisch zu üben und die jungen Leute sind oft froh, Tipps und Tricks zur Getreideküche zu lernen.

Hermine in der Hostelküche

Im Hostel findet Paul unsere Aufmerksamkeit. Er lebt mit seinem Sohn für eine längere Zeit dort und kocht für sich und seinen Sohn. Der Sohn ist Autist, er kann sich mit seinem Vater nur in seiner Zeichensprache verständigen. „Ich musste in die Stadt kommen", erzählt Paul in einem breiten Dialekt, „mein Sohn braucht spezielle Betreuung, die gibt es im Outback nicht".

Als spezielle Betreuuung stellt sich ein Tibeter heraus, ein ehemaliger Mönch, der aus Tibet floh und in Australien landete. Seine mönchischen Erfahrungen bewährten sich in der Arbeit mit Menschen mit besonderen Bedürfnissen. Paul meint, es koste ihm alle seine Ersparnisse, aber die Betreuung in den Behinderteneinrichtungen sei nicht besonders gut, da die Betreuer schlecht bezahlt und ausgebildet seien.

Auf der Suche nach dem Besten für seinen Sohn hat Paul auch das Kochen entdeckt. „Seit ich selbst koche und wenn möglich nur biologische Lebensmittel verwende, hat mein Sohn innerhalb eines Jahres 30 kg (von 110 auf 80) abgenommen": Mit seiner Wahrnehmung sei es auch besser geworden. Allerdings seien die Biolebensmittel in Australien sehr teuer. Da hat er recht.

Bio ist immer noch ein Nischen-Programm in Australien. In einer Studie von 2002 wurde von Agrarsoziologen ein Nachfrageanstieg von 20 bis 30% pro Jahr angenommen. Diese Prognose konnte sich nicht halten, doch zeigte sich ein starker Zusammenhang zwischen Bio-Konsum und dem Bildungsgrad: Die typischen Bio-Käufer sind auch hoch gebildet. Bio ist neuerdings auch eine Alterserscheinung in Australien. Immer mehr Senioren werden sich ihrer Ernährungsprobleme bewusst und suchen nach Lösungen.

Allerdings entspricht die Bio-Produktion nicht der Nachfrage. Nur 1,2% der austral-

"Müllverwertung" in Adelaide

ischen Farmer produzieren biologisch, obwohl Australien mit rund 10 Millionen Hektar an biologischen Landflächen an der Spitze in der Welt liegt (zum Vergleich: Die EU verfügt nur über 5 Millionen Hektar). Das sind rund 2.000 Betriebe auf dem Kontinent. Von der Zahl her beeindruckend, doch sie produzieren einen Produktverkaufswert von weniger als einem Prozent der Konsumausgaben in Australien, einem vernachlässigbaren Wert.

Nach einer Marktstudie von 2010 werfen die Australier mehr konventionelle Lebensmittel in den Müll als sie an Bio einkaufen. Laut der Studie des Australia-Institutes werfen die australischen Haushalte 15% ihres Einkaufs wieder weg, ohne sie zu konsumieren oder sonst zu verwenden. Nach Berechnungen gehen 361 Kilogramm Lebensmittel pro Person und Jahr auf dem Weg vom Feld bis in den Haushalt verloren! Das geht ziemlich ins Geld, denn die Australier geben 17% ihres Einkommens für Lebensmittel aus, 4% mehr als die Österreicher.

Betrachtet man die Biolandwirtschaft in Australien unter diesen Aspekten, erkennt man eine Zweitrangigkeit von Bio in der Landwirtschaftspolitik. Im National Food Plan von 2013 findet sich nicht einmal das Wort Bio bzw organic, während der Gentechnologie ein komplettes Kapitel gewidmet ist. Für die australische Bundesregierung liegt die Lebensmittelzukunft eher in der Gentechnologie, wo sie intensiv mit dem technologieführenden Land USA kooperieren. „Die USA hat substanzielle Interessen an der Gen- und Biotechnologie-Politik Australiens." So berichtete die US-Botschaft in Canberra nach Washington. In dieser Hinsicht trafen die US-Gentechnologen durchaus auf großes Interesse bei australischen Politikern, die den Anschluss in der bio-technologischen Forschung suchen. In dieser Hinsicht orientiert sich Australien seit 2000 eindeutig agrarpolitisch an seinem wichtigsten Exportpartner USA. Die Gentechnik-Forschung konzentriert sich auf GV-Weizen und GV-Mais mit dem Ziel trocken- und stresstolerante Pflanzen zu entwickeln. Es werden seit 2007 Freilandversuche mit trockenresistentem, gentechnisch verändertem Weizen durchgeführt.

Grundsätzlich sieht sich Australien als Land mit den strengsten Gentechnik-Regeln. Man glaubt sogar, dadurch einen

Wettbewerbsnachteil gegenüber anderen Ländern zu besitzen. Inwieweit das Kontrollwesen greift, mag dahin gestellt sein. Als einziger Bundesstaat entschloss sich Tasmanien zur Gentechnikfreiheit und noch vier Jahre nach dem Verbot sprießen auf den früheren Genpflanzenfeldern gentechnikbehandelte Pflänzchen. Es ist eben nicht so leicht, Gentechnik wieder loszuwerden.

Wir nutzen die Gelegenheit und besuchen die Waldorf Schule in Mount Barker, südöstlich von Adelaide gelegen. Eine reizvolle Schulanlage, zu deren Erhaltung die Schulleitung geschickt alle Möglichkeiten nutzt. Derzeit sind einige deutsche Studenten mit Renovierungsarbeiten beschäftigt. Der Stolz der Schule bildet aber der neugebaute Festsaal, ein

Festsaal der Mount-Barker-Schule

Performing Arts Centre, das, wie man in Österreich sagt, „alle Stückl spielt". Trotzdem zeigt sich auch im Neubau die Tragödie der Ernährung in Australien. Ursprünglich plante man auch eine eindrucksvolle Küche, aber mit dem Baufortschritt, den Sonderwünschen und dem schmaler werdenden Budget fiel die

Küche dem Rotstift zum Opfer. Heute dient sie als Rumpelkammer. Kochen konnte der Eurythmie eben nicht standhalten. Dafür weist die Mount-Barker-Schule eine Besonderheit für Waldorfschulen auf: Einen eigenen Weingarten. Viele Schüler stammen aus den Wein-Regionen Südaustraliens und erlernen die

Weingarten der Mount-Barker-Schule

Die japanische Klasse

Geheimnisse des bio-dynamischen Weinbaus. Der Konkurrenzdruck zwischen den Privatschulen ist eben groß und selbst Waldorfschulen müssen das Besondere anbieten. Aber die Schule bietet auch Fremdsprachen an, nämlich Japanisch, Indonesisch und Deutsch. Allerdings sind Deutschlehrer schwer zu bekommen. Es gibt somit gute Chancen für Lehrer aus Österreich.

Zurückgekehrt nach Adelaide wollen wir in guter österreichischer Tradition einen Kaffe. Es gibt eine kulturelle Besonderheit in Australien, nämlich die Begeisterung für Kaffee. Am liebsten mögen sie ihn in italienischer Facon mit Schaum und verspielter Gestaltung. Je verspielter, desto besser. In dem kleinen Studentencafe im Zentrum Adelaides werkt Peter, ein Barista aus Leidenschaft. „Kaffee zu kreieren ist keine Wissenschaft,

Kaffee-Kreation

sondern eine Kunst der höchste Stufe", erklärt er uns. Er nimmt weltweit an Barista-Wettbewerben teil. Stolz erzählt er von einem Wettbewerb in Italien: „Da habe ich stundenlang mit den Preisrichtern über Kaffee diskutiert." Jetzt verrate ich ein Geheimnis. Auch Hermine ist eine gelernte und geprüfte Barista. Ihr Diplom erhielt sie an einer Baristaschule in Sydney.

Die traditionelle australische Küche findet wie so vieles ihre Wurzeln in Europa. Besonders die englische Küche hinterließ ihre Handschrift in der ehemaligen Kolonie. Neben Lamm- und Rindfleisch in Form von Steak, Meat Pies und Sausage Rolls finden sich aber immer mehr Gerichte aus den Einwandererküchen in den Menüplänen. Kochen als Kulturtechnik liegt in Australien in der Hand der Frauen. Laut einer Studie aus dem Jahre 2010 liegt die Verantwortung für das Kochen in weiblicher Hand. 65% der Frauen im Alter zwischen 26 und 36 Jahren sind in ihren Familien allein für das Kochen zuständig. Gerade mal 29% der Männer können das von sich behaupten. Einzig ihr geliebtes Barbie lockt die Männer an den Herd.

Sofern noch gekocht wird, denn Fast Food ist so wie in den USA auf dem Vormarsch. Burger, Chicken und Sandwiches dominieren gemeinsam mit der asiatischen Schnellküche das Ernährungsverhalten der Australier. Die klassische europäische Küche in Verbindung mit der Fast-Food-Kultur zeigt jedenfalls verheerende Wirkung in der australischen Bevölkerung. Laut einer Studie der australischen Statistik-behörde ABS aus dem Jahr 2012 sind zwei Drittel aller Australier übergewichtig oder fettleibig. Man spricht bereits von einer Fettbombe, die Australien erwartet. Das wird nicht billig für Australien, man rechnet mit gesundheitlichen Folgekosten von Adipositas von mehr als 11 Milliarden Dollar pro Jahr. Die australische Bundesregierung versucht zwar mit dem National Partnership Agreement on Preventive Health seit 2009 mit einer runden Milliarde Dollar entgegen zu steuern, der Erfolg hält sich bisher in Grenzen.

Dieser Ernährungsalbtraum hat die Aborigine-Bevölkerung bereits erreicht. Ursprünglich ernährten sich die Aborigines von Kängurus, Wallabies und Fledermäusen. Dazu gab es Krokodile, Schlangen, Goanas und Emus. Nicht zu vergessen Fische wie der allseits beliebte Baramundi. Von der pflanzlichen Seite gab es Yams-Wurzeln, Äpfel, Orangen, Wüstenbananen und Nüsse. So boten Muscheln eine wichtige Ernährungsbasis in Küstenbereichen. Eine Person konnte pro Tag über 11 kg Muscheln sammeln, das ergab immerhin zweieinhalb kg Fleisch.

Walter Roth beobachtete bereits im 19. Jahrhundert das Ernährungsverhalten der Aborigines und kam zu dem Schluss, dass die Aborigines eine klare Vorstellung besaßen, „wo wieviele bestimmte essbare Wurzeln, Früchte und Samen bzw. welche jagbaren Sänger und Vögel in welchen Bereichen ihres Territoriums zu finden sind".

Die Aborigines kochten auch, allerdings ihrer nomadischen Lebensweise gemäß. Die Anthropologin Gabriele Weichart betont den Mobilitätsaspekt (jetzt verfalle ich auch noch in die wissenschaftliche Fachsprache, hoffentlich bleibt das verständlich) in der Aborigines-Kultur. Da man aufgrund der Wanderungen nur das Notwendigste mittragen konnte, existiert für die Aborigines auch kein wirkliches Kochgeschirr:

„Zwar wurden pflanzliche Produkte und Insekten oft roh verzehrt, aber zumindest die Fleischnahrung musste im Feuer gebraten oder gegart werden. Grassamen wurden mithilfe von Mahlsteinen zerrieben, dann mit Wasser vermischt und als Fladen in der Asche geröstet."

Die Mühlsteine verblieben bei den Lagerplätzen. Die Männer kümmerten sich um die Zubereitung des Großwildes, die Frauen um die restlichen Speisen. Mit einer solchen Ernährung gelang es den Aborigines, jahrtausendelang gesund zu überleben. Nicht zu vergessen die intensive körperliche Betätigung durch die Wanderung und Jagd.

Park in Adelaide

Die weiße Mehrheitsbevölkerung erzwang eine massive Änderung der Ernährung der Aborigines in Richtung der weißen Ernährungsgewohnheiten, mit verheerenden Folgen: Brot, Tee, Milch, weißes Mehl und raffinierter Zucker, nicht zu vergessen fettes Fleisch. Dazu gibt es jetzt die Segnungen des Fast Food mit Burger, Hot Dogs und Wüstchen mit Pommes Frittes und Saucen bzw. Dressings. Tat das schon den Weißen nicht gut, für die indigene Bevölkerung erwies es sich als verheerend. Wie sehr sich die westliche Ernährung auf die Aborigines-Bevölkerung auswirkt, zeigt sich in einem gleichsam umgekehrten Experiment. 1984 kehrten zehn Aborigines aus Derby in die traditionellen Homelands zurück und lebten abgeschnitten von westlicher Zivilisation mit traditioneller Nahrung sieben Wochen lang. Bei den medizinischen Untersuchungen zeigten sich ein signifikanter Gewichtsverlust, ein gesunkener Blutdruck und stark verbesserte Diabetes-II-Werte.

Seitens der Regierung gab es schon mit dem Nutrition Plan von 1992 Bestrebungen, diesen Entwicklungen entgegen zu steuern, allerdings hielt sich der Erfolg in engen Grenzen. Mit 2013 gibt es einen neuen Versuch, gesunde Lebensstile in den indigenen Commutities zu promoten. Immerhin wurden dafür 87 Millionen Dollar bereitgestellt.

Es wird Zeit, uns wieder auf den Weg zu machen, der Stuart Highway wartet auf uns. Zwei Schlafsäcke konnten billig in einem Outdoorshop erstanden werden, denn wir hegen den verrückten Gedanken, unter freiem Himmel zu nächtigen. Doch vorerst muss das Auto bewältigt werden. Kein einfaches Vorhaben, ich muss den werten Lesern eingestehen, dass ich mich das erste Mal in ein rechtsgesteuertes Fahrzeug und in den Linksverkehr wage. Die Gangschaltung zur linken Hand bedeutet für mich als Linkshänder kein Problem. Ich kann endlich vernünftig schalten. Die Probleme beginnen aber mit Kleinigkeiten wie Blinkschaltung und Scheibenwischer. Warum die Angelsachsen auch diese Schaltungen gespiegelt haben, wissen nur die Götter. Ich weiß nicht, wie oft der Scheibenwischer wischte, anstatt dass das Blinkzeichen meine Verkehrsbegeisterung erfreut!

Trotz der Liebe des Australiers zum Auto setzt Adelaide auf ein ungewöhnliches aber innovatives Verkehrsmittel: Das Fahrrad. Man hat tatsächlich den Ehrgeiz entwickelt, die fahrradfreundlichste Stadt in Australien und der südlichen Hemisphäre zu werden. Zu diesem Zwecke beabsichtigt Adelaide, die Velo-City Global 2014 auszurichten. Und was tu ich?

Fahrradfreundliches Adelaide

67

Ich versuche, mit wachsender Verzweiflung ein motorisiertes Fahrzeug durch die Stadt zu lenken. Anstatt vorschriftsmäßig links zu blinken, wischt dieses Ding mir die Sicht weg, von anderen kleinen Problemchen ganz zu schweigen. Wir schaffen es aber, und nach einigen peinlichen Versuchen finden wir den richtigen Highway und wir sind unterwegs nach Norden.

Zum nächsten Menü ein Kommentar von Hermine: „Für das australische Menü habe ich bewusst kein Barbiegericht ausgewählt, die kennen die Aussies sowieso besser. Stattdessen gibt es ein vegetarisches Aussie-Menü".

EIN AUSTRALISCHES MENÜ

FRUCHTSPIESS MIT HONIGJOGHURTCREME UND KOKOSNUSS-EISCREME

1 Ananas schälen und in 2-3 cm große Würfel schneiden.
2 Orangen schälen, weiße Haut filetieren und in Würfel schneiden.
2 Bananen in 3 cm Stücke schneiden.
250 g Erdbeeren putzen und in die Hälfte teilen.
6 Holzspieße
Die Früchte auf die Spieße stecken.
30 g Butter oder Kokosfett in einer Pfanne oder Grillplatte
Die Spieße auflegen, beitseitig bräunen und mit
125 ml Orangenjuice ablöschen und vom Herd nehmen.
Anrichten auf Tellern, 1 Kugel Kokosnuss-Eis dazugeben.
250 g Cremejoghurt mit 1 EL Honig mischen und als Dip dazu reichen. Mit Minzblättern und Schlagobers ausgarnieren. Die Früchte können saisonell variiert werden. Schmeckt hervorragend!

AUS DEM CHINATOWN „A WOKI TOKKI"

Wokspezialität für 6 Personen mit Erdnüssen, Gemüse und Tortillachips

4 EL Sojasauce
50 g Erdnüsse
3 EL Pflanzenöl
500 g Gemüse (Paprika rot, grün, gelb, Broccoli, Zwiebel, Selleriestangen, Erbsenschoten, Chinakohl, Sojasprossen etc.)
200 ml Gemüsesuppe
1 EL Stärkemehl
100 g Tortillachips oder 100 g Wok-Nudeln
50 g Erdnüsse im 1 EL heißem Öl 1 min. anbraten, dann heraus nehmen
2 EL Öl, Gemüse anbraten und wieder aus dem Wok geben

Gemüsesuppe mit Stärkemehl binden und dazu geben
Alle anderen Zutaten dazu geben, einmal aufkochen lassen
Zum Schluss Tortillachips oder Wok-Nudeln beigeben,
anrichten und mit Korianderblättern garnieren.
Tipp: Ein Klassiker dazu ist Reis!

CREPES MIT NOUGATCREME (PANCAKES)

150 g Mehl
1 ganzes Ei
3 Dotter
1/8 L Obers
¼ L Milch
Salz
Aus allen Zutaten einen Teig bereiten und in Butter
hauchdünne Palatschinken backen.
Mit Nutella bestreichen und zweimal zusammenlegen.
Mit Schoko- Sauce und Obers servieren.
Tipp: Zimt und Kristallzucker mischen, die Crepes innen und
außen bestreuen.
Garnierung: 1 Kugel Vanilleeis, ein Tupfer Schlagobers und
ein Minzeblatt
Renner bei Gerry!

POLENTA-BOHNEN-BRUSCHETTA

250 g weiße Bohnen einige Stunden einweichen und weich
kochen. Auskühlen lassen.
200 g grüne Prinzess-Bohnen, waschen, putzen und
blanchieren. In mundegrechte Stücke schneiden.
500 ml Wasser aufkochen und
120 g Polenta einrieseln lassen.
Einige Minuten bei kleiner Flamme weiterrühren und dann
die Polenta auf eine geölte (2 EL Öl) Alufolie stürzen und eine
Rolle von 5-6 cm Durchmesser formen.
Auskühlen lassen.
1 rote Paprika würfeln
2 EL Pinienkerne in der Pfanne ohne Fett rösten
½ Bund Basilikumblätter schneiden

1 EL Balsamicoessig
2 EL Olivenöl
Salz und gemahlener Pfeffer
Olivenöl zum Anbraten
Polenta in 2 cm dicke Scheiben schneiden und in der geölten
Pfanne (Grillplatte) anbraten.
Andere Zutaten, die weißen und grünen Bohnen mischen und
mit der Polenta auf Teller anrichten. Mit Basilikumblättern
servieren.

QUINOA-SALAT MIT ZIEGENKÄSE

200 g Quinoa mit heißem Wasser abspülen und mit
400 ml Wasser bei kleiner Flamme kochen. Zudecken und
ausquellen lassen.
Ausgekühlte Quinoa mit
Zitronensaft von 2 Zitronen und 2 EL Olivenöl mischen und
ziehen lassen.
3 Tomaten klein würfeln
1 EL pürierter Knoblauch
3 Jungzwiebeln geschnitten
2 El Minzblätter fein gehackt
4 EL Petersilie fein gehackt
Alle Zutaten mit Quinoa zu einem Salat mischen und mit
Pfeffer und wenig Salz abschmecken.
Ziegenkäsecreme:
100 g Ziegenkäse mit 125 ml Creme fraiche mischen.
Quinoasalat in Gläsern anrichten, Ziegenkäsecreme darüber
verteilen, mit Minze und Jungzwiebelringen garnieren.

Wir haben Adelaide verlassen und fahren auf dem Highway One durch landwirtschaftliches Gebiet nach Norden. Rechter Hand begleiten uns bereits die Flinders Ranges in beeindruckender epischen Breite. Kurz vor Port Augusta biegen wir in Richtung Quorn ab und finden uns auf einer kurvenreichen Straße mit einem annähernd parallel laufenden Schienenstrang wieder. In Quorn erfahren wir zu unserer Überraschung in einem Coffee-House, dass die Geleise immer noch genutzt werden. Die Pichi-Richi-Railway verkehrt immer noch, allerdings nur zu touristischen Zwecken. Leider werden wir sie diesmal nicht nutzen können.

Flinders Ranges
Ökologie und Australien

Auch den Kängurus ist es heiß

Es ist Jänner, mitten im australischen Sommer, und es ist heiß. Heiße Tage zu dieser Zeit sind keine Überraschung, aber zu Hause lesen wir, dass es immer öfters vorkommt. Tim Flannery prophezeit einen Anstieg der heißen Tage (über 40 Grad Celsius) durch den Klimawandel, dazu wird es extreme Dürre und Regenfälle geben. Und tatsächlich: 2013 erlebte Australien das wärmste Jahr seiner Geschichte, zumindest seit Beginn der Aufzeichnungen. Neun der zehn wärmsten Jahre wurden nach dem Jahr 2000 gemessen, der Klimawandel lässt grüßen, wir spüren diesen Gruß am eigenen Leib.

Flinders Range

Wir erreichen den Flinders Range National Park. Die Parkgebühr ist leicht und schnell entrichtet. Man begibt sich zu einem Kiosk beim Schild für den Parkbeginn, steckt das Geld in ein Kuvert, notiert auf dem Kuvert seine Autonummer und wirft selbiges in einen Briefkasten. Eine simple Methode, die auch von großem Vertrauen des Parkmanagements in seine Besucher zeugt. Man merkt sofort, dass der Nationalpark erreicht ist, die Kangurus zeichnen sich durch offen gezeigte Ignoranz gegenüber dem Straßenverkehr aus. Sie lagern gemütlich am Bankett und nutzen die Straße für allerlei Zwecke, ohne fahrende Autos zu beachten. Das freut mich als Fahrer natürlich ganz besonders.

Nach kurzer Zeit erreichen wir Wilpena Pound, ein steinernes, 10 km breites und 16 km langes „Riesen-Amphitheater" das von einer bis 1000 Meter hohen Bergkette eingerahmt wird. Darin befindet

sich ein kleines Touristinformations-
zentrum mit Restaurant und
Campingplätzen. Ein Plätzchen ist
für uns schnell gefunden, das gibt
Zeit für ein Bierchen.

Auf der Terrasse des Lokals, das
gleichzeitig als Pub dient, treffen wir
Joe, das Faktotum von Wilpena
Pound. Obwohl höheres Semester

Joe

gibt es nichts, wofür er nicht zuständig wäre. Neugierig fragt er,
woher wir kämen. Aus Europa antworten wir. „Seltsam" meint er, „die
wenigsten Australier wissen, das es Wilpena Pound gibt und dann
kommen Leute extra aus Europa, um sich unseren Park anzusehen".
Joe wird redselig und schlägt uns vor, sich den Sonnenuntergang im
Park anzusehen. Er wird uns in einer Stunde abholen. Ein guter Plan
und tatsächlich taucht er mit seinem Geländewagen bei unserem
Auto auf.

Es geht hinaus aus dem Talkessel in die Wüste. Angeblich fahren wir
auf einer Straße, deren Verlauf nur ein Aborigines-Tracker erkennen
könnte. Joes Fahrstil macht aber eine Straße sowieso überflüssig,
man kann nur darauf vertrauen, dass er weiß, was er tut. Wir
erreichen einen Hügel mitten in der Wüste mit einem sensationellen
Blick auf die Flinders Range. Joe zaubert einen Picknickkorb aus
dem Heck und serviert Wein mit kleinen Imbissen. „Der
Sonnenuntergang braucht eine passende Unterlage" und schon
feiern wir eine Sundown-Party.

Der Sonnenuntergang bietet
tatsächlich mehr, als Joe ver-
sprochen hatte. In einer epischen
Breite, die Hollywood glatt
überbietet, entwickelt sich ein
prächtiges Farbenspiel in einem
Kontrast zu den Wolken.
Fasziniert verfolgen wir ein
Naturereignis, wie es nur
Australien bieten kann.

Die grandiose Weite der Landschaft wirkt auf mitteleuropäische Augen beinahe erdrückend. Nicht so für Joe. Wir stellen überrascht fest, dass er die Weite nicht automatisch wahrnimmt. Sein australisches Auge ist auf die landestypische Flachheit trainiert, für das sich zuerst die nähere Umgebung automatisch erschließt, während uns zuerst der Horizont ins Auge fällt. Einen ähnlichen Blick kennen wir von den niederländischen Bauern in der Provinz Groningen, die in einer völlig flachen Ackerlandschaft Hügel erkennen können. Eine wichtige Überlebensfähigkeit, wo wenige Zentimeter bei Dammbruch über Leben oder Tod entscheiden können.

Wenn man die Flinders Ranges und die Weite der australischen Wüste erlebt, wird einem nicht bewusst, dass der rote Kontinent früher vom Menschen besiedelt wurde als Europa. Ein faszinierender Gedanke, während sich in Europa die ersten Jäger und Sammler in den leeren Kontinent tasteten, streiften die Aborigines schon Jahrtausende Jahre lang durch dieses Land. Trotz der für Europäer wuchtig wirkenden Landschaft des Outback, die das Gefühl der totalen Natur vermittelt, kommt uns die Erkenntnis, dass sie die Handschrift des Menschen trägt, aufgrund der langen Besiedelung tragen muss. Die ersten, die die Spuren des menschlichen Einflusses fanden, waren Paläontologen. Sie entdeckten die Knochen einer andersartigen australischen Fauna. Die australische Fauna zeichnete sich ursprünglich durch größere Beuteltiere aus. Vor 20.000 bis 30.000 Jahren setzte aber eine Aussterbewelle ein, zeitgleich mit der Besiedelung des Kontinentes durch den Menschen.

Weitere Hinweise fanden die Forschungsreisenden und Entdecker, die den Kontinent durchquerten, ohne jedoch ihre Bedeutung zu erkennen. So berichtet Ludwig Leichhardt 1845 von „Rauch ausgedehnter Buschfeuer unterhalb Lords Gebirge und längst den

Fire-Stick-Landschaft

Bergketten". Mehrere Meilen trüge der Wald die Spuren des Feuers. Leichhardt beobachtete eine von den Aborigines bis heute angewandte Methode des fire-stick-farming. Mit dieser Methode brennen die Aborigines unter kontrollierten Bedingungen das trockene Unterholz und Gras ab, wodurch einerseits Dünger für die nachwachsende Vegetation geschaffen wird und andererseits jagbare Tiere angelockt werden. Seit neuestem vermuten Anthropologen auch, dass die Aborigines das fire-stick-farming auch als Jagdtwaffe nutzten. Nach einer Studie von Ökologie-Anthropologen der Stanford-Universität in Westaustralien lag der Jagderfolg an Waranen auf abgebrannten Flächen signifikant höher als auf nichtabgebrannten Flächen.

Man merkt, wie hier jahrtausendealtes Erfahrungswissen aufgebaut und erhalten wurde. In der Folge entstand über die Jahrtausende der für Australien typische Stil einer „Parklandschaft", wie es die ersten Siedler empfanden. Man muss wahrscheinlich Brite sein, um ein solches Bild für das Outback zu finden, aber das fire-stick-farming verhinderte das Entstehen großflächiger Buschbrände, die das moderne Australien regelmäßig heimsuchen.

Aus diesem Grund lehnen die Aborigines den von Weißen gepflegten Begriff der Wilderness ab. Ein Ältester der Jawoyn im Northern Territory meinte beispielsweise bei der Gründung des Nitmiluk-Nationalparks: „Der Nitmiluk-Nationalpark ist kein wilder Raum … er ist ein Ergebnis der menschlichen Tätigkeit. Er ist eine von uns in Zehntausenden von Jahren durch unsere Zeremonien und unsere Verwandschaftsbande, durch das Buschfeuer und durch die Jagd geformte Erde." Damit setzen die Aborigines den Weißen mit ihrem Zivilisationsbegriff ein eigenständiges Kulturkonzept gegenüber und handelten sich verlässlich jede Menge Konflikte mit den Mining-Gesellschaften ein. Deshalb sieht der australische Umweltaktivist Timothy Doyle die Wilderness-Bewegung in Australien als Bindeglied zwischen erster und dritter Welt, da Aborgines als natürliche Verbündete gelten.

Daran müssen sich die weißen Australier erst gewöhnen. Der Traum eines unbegrenzten, von fleißigen Kolonisatoren eroberten Kontinents existiert schon früh in den Vorstellungen der Australier. Jede neue Erkundung feuerte die Vision an. So schreibt der Sydney Herald am 22. September 1846 bezüglich der Forschungsreise Leichhardts:

„In socialer wie in politischer Hinsicht ist es schwer, ja unmöglich, die Wichtigkeit der kürzlich gemachten Entdeckungen jener unbegrenzten fruchtbaren Länderstriche zu überschätzen, welche sich gegen Norden ausdehnen und bald, mit unzähligen Herden bedeckt, als Wohnplatz des civilisirten Mannes gesucht sein werden."

Der „Spectator schrieb am 28. Januar 1888: „ There is a very reasonable probability that in 1988 Australia will be a Federal Republic, peopled by 50 millions of ... men."

1918 erschien ein, von einem gewissen Edwin Brady ge-schriebener Bestseller „Australia unlimited". Brady ging von der Annahme aus, dass sich unter den Wüsten Australiens unerschöpfliche Grundwasserreserven befinden, weshalb er die Vision eines aus Wüsten entstandenen Ackerlandes entwickelte. Fehlende Flüsse und sonstige Wasserspeicher wären als desert myth anzusehen, den künftige Geologen zu widerlegen wissen werden. Dies ließ die Bevölkerungserwartungen bis in die Dimensionen der USA wachsen.

Noch in den Fünfzigerjahren rechnete man mit einer zukünftigen Bevölkerung von 50 bis 100 Millionen Menschen. Doch bereits in den Zwanzigerjahren wertete der australische Geograph Griffith Taylor (genau der, der asiatische Migration befürwortete) die klimatischen, hydrologischen und Bodenbedingungen Australiens aus und kam zu dem Ergebnis, dass es Umweltlimits für eine wachsende Bevölkerung gibt. Seine Ergebnislandkarte deckt sich weitgehend mit Daten aus dem Jahr 2010. Bereits 1911 sagte er für das Jahr 2000 voraus, dass in Australien bestenfalls 19 Millionen Menschen leben werden. Im Nachhinein gesehen keine schlechte Einschätzung, aber nicht das, was seine Zeitgenossen hören wollten. Nicht nur bei seinen Zeitgenossen, auch im sogenannten Borrie Report aus dem Jahre 1975 hält man eine Bevölkerung von 50 bis 60 Millionen Einwohnern für möglich und noch im CSIRO-Report von 1994 werden australische Experten zitiert, die diese Bevölkerungsgröße für möglich halten. In der Regierungsplanung geht man inzwischen von einer künftigen Einwohnerzahl von 27 Millionen Menschen aus - nicht mehr viel Spielraum nach oben.

Mein Blick schweift wieder über die umwerfende Landschaft der Flinders Ranges. „50 bis 60 Millionen" denke ich, „wie soll man diese Menschenmengen ernähren bei diesem Boden?" Der Biologe Jared Diamond bezweifelt selbst die Ernährung für die derzeitigen rund 20 Millionen Menschen in Australien. Er hält sogar nur eine Bevölkerung von

Die Landschaft

acht Millionen für ökologisch nachhaltig. Tatsächlich ist die Ernährungssicherung kein leichtes Unterfangen, wie es bereits der britische Ökologe Francis Ratcliffe aufzeigte. Er beobachtete in Australien den Dusty-Bowl-Effekt, der durch Überackerung und Zerstörung der Grasnabe entsteht. Sein beeindruckender Bericht von 1938 führte im Bundesstaat Victoria zur Gründung einer Bodenschutzbehörde. In diesem Bericht warnt Ratcliffe eindringlich vor einer Expansion des Ackerbaus und der Übertragung der europäischen stationären Weidewirtschaft.

Diese Warnung ist nicht unberechtigt, den genaugenommen ist Australien ein unproduktiver Kontinent. Neben dem Problem der Wasserknappheit haben die Böden einen geringen Nährstoffgehalt (rund die Hälfte des europäischen Gehalts) bei geringerem Pflanzenwachstum und somit geringerer Produktivität.

trocken und öde

Bei einem geringeren Ertrag pro Hektar sind die australischen Farmer gezwungen, mehr Flächen unter den Pflug zu nehmen, um den selben Ertrag wie die europäische Konkurrenz zu erwirtschaften. Tim Flannery spricht deshalb von der Poor Soil-Problematik, die Australien bis heute beschäftigt.

Wilpena Pound gibt uns Gelegenheit, die Poor-Soil-Problematik direkt und in Natura zu studieren. Es existieren mehrere Wege der Bergkette entlang, die am Grat einen wunderbaren Weitblick über den Kessel und die Landschaft ermöglichen. Gleichzeitig ergeben sich unerwartete Begegnungen mit den Bergbewohnern. Im Kessel von Wilpena Pound befindet sich der Rest einer alten Farm, die man soweit als Besichtigungspunkt restauriert hat. Die Geschichte dieser Farm reflektiert in tragischer Weise die Ökologie Australiens. Lasst uns 150 Jahre in der Geschichte zurückgehen, in die Zeit der Gründung dieser Farm.

Schaffarm

Um 1860 wurden die Flinders Ranges als großes landwirtschaftliches Hoffnungsgebiet entdeckt. Rasch entstanden auf den Farmen große Überschüsse an Wolle und Schafen, eine glänzende Zukunft begann sich abzuzeichnen. Dann kam 1864 die große Trockenheit und innerhalb von drei Jahren wurden alle Träume brutal zerstört. Zurück blieben verlassene Farmen in staubigen Gebieten. Als Reaktion auf die große Trockenheit entsandte die Regierung Südaustraliens einen Landvermesser namens Goyden, der feststellen sollte, wie weit man Schafzucht betreiben konnte. Er legte die nach ihm benannte Goydenlinie fest, die die landwirtschaftlich „zuverlässigen" von den „unzuverlässigen" Regionen trennte. Einige regenreiche Jahre veranlassten die Regierung, die aufgegebenen Schaffarmen als Weizenfarmen zu verkaufen und es kam, wie es kommen musste. Nach anfänglicher Zeit des Booms zerstörte die Dürre die Weizenwirtschaft und man kehrte zur Schafzucht zurück.

Es blieb nicht bei der einen Trockenheit. Sie wiederholten sich 1888, 1895 bis 1902 und so weiter. Besonders die lange Dürre von 1895 reduzierte den Schafbestand auf die Hälfte und Sandstürme brachten die australische Erde bis nach Neuseeland. Die Schuld für solche Wettereskapaden kann man einem Wetterphänomen zuschreiben, das Australiens Wetter weitgehend prägt: „El Nino Southern Oszillation", kurz ENSO genannt. ENSO führt zu klimatischen Phasen in der Länge von zwei bis acht Jahren in denen sich Trockenheiten und Regenfluten ablösen. Die unregelmäßigen Rhythmen führen zu großen Unsicherheiten in der australischen Landwirtschaft, die Europa nicht kennt. Im Vergleich dazu ist das europäische Klima über den Jahresrhythmus kalkulierbar.

Interessanterweise blieb dies außenstehenden Beobachtern schon früh nicht verborgen, während die Australier noch lange brauchten, dies zu erkennen. Schon Charles Darwin schreibt: „Die Weide ist überall so dünn .. überdies wird das Land weiter landeinwärts äußerst arm. Ackerbau kann wegen der Zeiten der Dürre niemals im ausgedehnten Maßstabe Erfolg haben."

Für Flannery bilden ENSO und die schlechte Bodenqualität die Hauptgründe, warum beispielsweise die Aborigines auf Landwirtschaft verzichteten. Als Jäger und Sammlerkultur wären sie optimal an die australische Ökologie angepasst. Andererseits betrieben Aborigines eine landwirtschaftliche Vorstufe. Beim Sammeln von Jamswurzeln schnitten sie den größten Teil der essbaren Knolle ab, setzten aber Stiel und Knollenspitze wieder in die Erde ein, um ein Nachwachsen zu ermöglichen. Es fehlte nur noch das systematische Einsetzen an einem bestimmten Platz (die Erfindung des Feldes) und der Sprung in die Stufe der bäuerlichen Landwirtschaft wäre geschafft gewesen. Ein ähnliches Verhalten gab es übrigens auch in der europäischen Steinzeit, wobei damals die Menschen systematisch Haselnüsse vergruben. Archäologen glaubten deshalb bei der Haselnussverbreitung an milde Klimaphasen.

Es kam nicht soweit mit der indigenen Landwirtschaft. Die weißen Siedler vertrieben die Aborigines aus den landwirtschaftlich interessanten Regionen und importierten europäisches Getreide, vornehmlich Weizen, ohne zu berücksichtigen, ob diese Pflanzen der australischen Ökologie entsprechen. Diese wurden mit europäischen Anbaumethoden ausgebracht. Bis heute hat die australische Landwirtschaft mit den Folgen zu kämpfen. Mit der Rodung der einheimischen Pflanzenwelt wurde eine intensive Abweidung herbeigeführt. In der Folge ergab sich durch Rodung und Abweidung verbunden mit der regelmäßigen Dürre eine Erosion des Bodens. Das hat Unkrautentwicklung und Versalzung des Bodens zur Folge. Da die Sonne in Australien den Boden schneller aufheizt, haben die Pflanzenwurzeln weniger Gelegenheit, das Wasser aufzunehmen. Es verdunstet, bevor es die Wurzeln erreicht und lässt das gelöste Salz im Boden zurück. Dieser Effekt ist besonders im Murray-Darling-Becken zu spüren.

Der Durchblick

Deshalb setzt man in der Landwirtschaft auf Gentechnologie. Derzeit laufen Versuchsreihen, um eine Weizensorte herzustellen, die den Belastungen durch Hitze und Wassermangel standhält. Gleichzeitig rechnet man damit, dass man landwirtschaftlich genutzte Gebiete aufgeben muss. Trotzdem plant man ein Wachstum der Landwirtschaft. Laut dem National Food Plan wird eine Exportsteigerung von bis zu 45% an Landwirtschaftsprodukten bis 2025 angestrebt. Man setzt auf den asiatischen Lebensmittelmarkt, der sich nach Prognosen bis 2050 verdoppeln soll. Hier hofft Australien mit Schaf- und Rindfleisch, sowie mit Milchprodukten einen größeren Anteil zu sichern. Immerhin beträgt der Anteil an Lebensmitteln am australischen Export runde 11% und sichert 1,64 Millionen Arbeitsplätze, nicht unerheblich für jede australische Regierung.

Australiens Landwirtschaft steht vor einer großen Herausforderung, genau so wie wir mit unseren Campingplänen. Es ist rasch dunkel im Outback und wir kommen spät von der Sundown-Tour. Mit meiner vorsorglich beschafften Taschen-lampe bemühen wir uns die Schlafsäcke zu entrollen und einen guten Platz zu finden.

Wilpena Pound

Der Betrieb des Campingplatzes hält Schlangen und anderes Getier fern, es ist ihnen zu laut und in der Regel mögen sie keine Menschen. Nur die Kängurus können während des Tages lästig werden. Sehen sie die Chance auf etwas Essbares, zerwühlen sie gnadenlos alles Vorhandene. Deshalb hängen die erfahrenen Australier ihre Essvorräte in die Äste der Bäume, unerreichbar für die neugierigen Kängurus. Da wir aber nichts Essbares in unserer Reichweite lagern, bleiben uns diese Besuche erspart.

Der letzte Tag bringt eine neue Erfahrung ins Outback: Es regnet! Kein Problem für uns, die überdachten Grillplätze bieten einen hervorragenden Schutz und unsere wenigen Habseligkeiten sind mobil. Nach einer Woche rollen wir unsere Schlafsäcke ein und starten das Auto. Es geht weiter.

Die lange Fahrt und der Anblick der Landschaft gibt uns wieder Zeit, über die Ökologie und Klimapolitik Australiens nachzudenken. Für Australier ist ihr extremes Klima mit seinen Auswirkungen Alltag. Die Schriftstellerin Dorothea Mackellar schreibt in ihrem Gedicht "My Country": "I love a sunburnt country (…) Of droughts and flooding rains…" Praktisch jeder Australier kennt dieses Gedicht, das die Ökologie dieses Landes treffend beschreibt.

Ein kürzlich erschienener Report von CSIRO (Commonwealth Scientific and Industrial Research Organisation) und dem australischen Büro für Meteorologie prognostiziert einen Anstieg der Durchschnittstemperaturen mit einem Rückgang der durchschnittlichen Regenfälle. An weniger Regentagen wird mehr Regen fallen, womit auch das Risiko für Überschwemmungen steigen wird. Es wird generell heißer, und wenn es einmal feucht ist, dann kräftig.

Dies bestätigt der neueste Weltklimabericht des UN-Klimarates. Neben dem Temperaturanstieg muss Australien mit extremen Regenfällen und auch Meeresfluten rechnen. Gleichzeitig wird es zu starken Veränderungen bei den Korallenriffen kommen. Die australische Landwirtschaft muss auch mit Einbußen in der Ertragslage besonders bei Weizen, Soja und Mais rechnen. Das Australian Bureau of Agricultural Resource Economics and Sciences (ABARES) geht für die Weizenernte 2014 von Ernteneinbußen von über 8% aus.

Trotzdem steht die australische Bundesregierung in Sachen Klimapolitik auf der Bremse. Die Regierung Abbott löste die australische Klimakommission auf und will die Steuer auf CO2-Emissionen abschaffen. Der Emissionshandel soll bei der Gelegenheit ebenfalls gestrichen werden. Für die australische Regierung existiert der Klimawandel nicht, wozu sich darum kümmern? In dieser Hinsicht gerät Australien in eine international isolierte Position, selbst die beiden wichtigsten Partner des Landes, China und die USA, zeigen eine widerwillige Bereitschaft, den Klimawandel als Tatsache anzuerkennen. Premier Abbott kann sich in seiner Politik auf jeden Fall auf eine stille Mehrheit in der australischen Bevölkerung stützen. Ulrich Beck schreibt, dass für eine substanzielle Klimapolitik eine

"trockene" Vegetation

Gesellschaft erst „grün werden" muss und von einer solchen Position ist die australische Gesellschaft (im Gegensatz zu Europa) noch weit entfernt.

Möglich wird Abbotts Politik durch die Verlagerung der ökologischen Risiken in die Zukunft., während ökonomische Risiken in der Gegenwart greifen. Da der ökonomische Erfolg eher als der ökologische Erfolg zu erreichen ist, bevorzugt die Regierung Abbott die Förderung der Ressourcenwirtschaft, um quasi die polititsche „Dividende" rasch erzielen zu können. Schlechte Aussichten für die Down-Under-Ökologie.

Wir sind dabei, Port Augusta nach Norden zu verlassen. Port Augusta bildet den letzten groß-städtischen Vorposten zur südaustralischen Wüste. Hier endet die land-wirtschaftliche Nutzung und beginnt das Never-Never-Land. Die Vegetation wird schütterer, die Landschaft gleichförmiger. Der High-way richtet sich schnur-gerade aus und die

Kangurus Abschied

Umgebung geht langsam in die Wüste über. Der Radioempfang reißt ab, wir sind wieder in der Wüste.

Die Eintönigkeit der Strecke kann dazu führen, dass man ein düsteres Kapitel der australischen Geschichte regelrecht durchfährt, ohne davon Notiz zu nehmen. Gemeint ist ein kleiner Ort mit dem unscheinbaren Namen Woomera. Lange Zeit vermied man es, die Existenz dieses Ortes einzugestehen oder in Landkarten einzutragen. Die Wenigsten wissen, dass der Stuart Highway durch ein ehemaliges Atombombentestgelände der Briten führt. Woomera wurde in den Fünfzigerjahren als gemeinsames Forschungszentrum Australiens und Großbritanniens aus dem Boden gestampft, weil sich die südaustralische Wüste angeblich für Atombombentests so gut eignete. Ökonomischer Nutzen der Wüste war nicht gegeben, die Bevölkerungsdichte praktisch null (Aborigines galten nicht als Bevölkerung). Da konnte man munter drauflos bomben, Fallout und andere Nebenerscheinungen interessierten niemanden (bis auf die Aborigines, aber auf sie hörte keiner). Heute ist Woomera ein öffentlich zugängliches Museum (das wir allerdings nicht besuchten). Man sollte sich aber an die Warnschilder entlang des Highways halten, die vor dem Berühren von Metallteilen in der Wüste warnen.

Die südaustralische Wüste – eine Wüste, die sich durch absolute Trostlosigkeit auszeichnet. Nichts gibt dem Auge so etwas wie Halt, man freut sich über jeden Busch am Horizont, sonst gibt es nichts anderes als Abwechslung. Der Stuart-Highway zieht sich beinahe schnurgerade durch das Gelände. So gerade, dass man sich über jede Andeutung einer Kurve oder über ein entgegenkommendes Fahrzeug freut (leider passiert das nicht oft). In dieser Wüste liegt Cooper Pedy, im Irgendwo von Nirgendwo. Ein trostloser Ort in einer trostlosen Gegend, der nur von der Hoffnung auf Reichtum lebt. Diese Stadt, runde 100 Jahre alt, bietet Heimat für 3.500 Menschen aus 41 Nationen. Man sieht sie kaum, genauso wie die Stadt, denn 70% der „Häuser" befinden sich unter der Erde. Genau diese Trostlosigkeit ist unser Ziel.

Cooper Pedy

Der Rausch und die dunklen Flecken

Cooper Pedy

Wir verlassen den Stuart-Highway und biegen auf die Hauptstraße von Cooper Pedy ein. Noch dominieren „normale" Gebäude das Straßenbild, eine Tankstelle, ein Motel, Restaurants und Supermärkte. Unser Hotel ist leicht zu finden, auch wenn es einen ungewöhnlichen Anblick bietet. Der Hausmeister weist uns ein und wir bewegen uns in unser Zimmer

Das heißt wir bewegen uns abwärts, über Stiegen unter die Erde. Unser Zimmer ist ein Dug-Out wie das komplette Stockwerk. Für uns ein seltsames Gefühl, acht Meter unter der Erdoberfläche zu residieren, aber es ist kühl und hat seinen Reiz.

Cooper Pedy entstand als einer der letzten Ausläufer des Goldrush in Australien.

unser Hotelzimmer

Der Rush begann 1851 in Barallat bei Melbourne und setzte sich vor allem in Westaustralien fort. 1915 fand man in dieser gottverlassenen Wüste Opale, worauf ein kleiner Run auf dieses Stück Wüste einsetzte. Zuerst lebten die Diggers noch wie üblich in kleinen Zelten, bis einer die Vorzüge von aufgegebenen

Das Hotel

Schürfstellen als Wohngelegenheit entdeckte. Seitdem wächst die Stadt mehr in die Tiefe denn in die Weite.

Der Weg zum Glück ist billig, 40 Dollar genügen, um sich seinen eigenen Claim abzustecken.

Für die meisten endet jedoch die Suche nach dem Glück im harten Kampf ums Überleben. Denn das Leben ist hart in Cooper Pedy. 30 bis 35 Grad am Tag sind die Regel, im Sommer sind Spitzen bis zu 55 Grad keine Seltenheit. Die Sonne wird nur durch Sandstürme unterbrochen, die sich tiefrot über die Stadt legen.

So mancher gibt die Jagd nach dem Opal auf und verdingt sich in einem der Motels und Hotels des Ortes. So wie John. Er kam vor 14 Jahren nach Cooper Peedy, um sich seinen Anteil an den Opalen zu sichern. Jetzt verdingt er sich als Reiseführer und Faktotum in einem Motel. „Diese Stadt ist das Richtige für mich, nicht zu groß und nicht zu klein," meint er, „ich bin zufrieden".

Hotelgang

Längst hat er sich der Wüste angepasst: Von hagerer Gestalt mit langem, zersaustem Bart und dem abgetragenen Schlapphut ist er eins geworden mit der Wüste. Diese Wüste zeigt sich gerne von einer tückischen Seite. Gewöhnlich schreckt sie den Menschen ab, doch der eine oder andere wird von einer besonderen Faszination gefangen, die ihn nicht mehr loslässt.

Uns gelüstet es nach Kaffee. Auf der Suche danach geraten wir in ein ungewöhnliches und originelles Restaurant, so wie die Mehrzahl der Häuser in Cooper Peedy, unterirdisch. Wir finden dort ein beeindruckendes Angebot an Didgeridoos, sowohl an Zahl, als auch an Größe. Die Besonderheit dieser Didgeridoos liegt in

ihrer Herstellung. Keine maschinelle Produktion, sie wurden durch Termiten ausgehöhlt. Dadurch erhalten die Didgeridoos eine faszinierende Klangfülle und sind Unikate. Der Besitzer dieses Lokals heißt Charly. Geboren auf Malta, lebt er seit 37 Jahren in Cooper Peedy. Charly ist von kleiner Statur mit einem schütteren Haarkranz. „Natürlich habe ich auch Opale

Charlys Digeridoos

geschürft," meint er, „aber das ist mir zu anstrengend geworden." Ursprünglich dachte er nur an die Führung seines kleinen Restaurants, aber dann entwickelte sich der Didgeridoo-Verkauf.

„Ich exportiere in die ganze Welt. Allein 200 Stück habe ich schon nach Österreich verkauft". Als wir ihm sagen, dass wir in Österreich Deutsch sprechen, bringt er eine Postkarte. Er spricht wie viele Südaustralier einige Brocken Deutsch „Diese Karte habe ich von Hans aus Frankfurt bekommen, aber ich verstehe das Deutsch nicht ganz." Dieser Hans bestellt mit der Postkarte zwei Didgeridoos und bittet um Lieferung. Er wird sie beim nächsten Mal bezahlen. Ich frage Charly, wieviel diese Didgeridoos kosten. So um die zweitausend australische Dollar (runde 1.200 Euro), sagt er, exklusive Versand. Und diese teuren Didgeridoos verschickt er ohne Zahlungsgarantie nach Europa? „Kein Problem, in diesem Geschäft muss man Vertrauen haben. Die Didgeridoos bringen mir gutes Geld, vom Kaffee verdiene ich nichts mehr. Cooper Pedy ist teuer. Liegen die Transportkosten von einem Kilogramm Kaffee in Sydney bei 80 Cent, muss ich hier in Cooper Peedy 6 Dollar bezahlen."

Tatsächlich hat Cooper Pedy so wie alle anderen Orte im Outback mit den Entfernungen zu kämpfen. Die heutige Zeitung kommt gewöhnlich erst morgen oder vielleicht übermorgen. Wenn man Glück hat, gibt es heute die Zeitung von gestern.

Später treffen wir Jimmy. Eigentlich heißt er Dimitri, aber das konnten die Südaustralier schwer aussprechen. Von Geburt Grieche aus Kefalonia, besuchte er 1973 nur seinen Bruder und wollte ein Paar Wochen bleiben. Er kam mit dem Schiff von Piräus nach Melbourne, aber die Suezkrise zwang ihn zum Bleiben. Die Rückkehr in die alte Heimat schaffte er bis heute nicht. Mit jugendlicher Begeisterung stürzte er sich in das Geschäft des „Miners" und schürft bis heute. Allerdings verschob sich der Schwerpunkt seines Arbeitslebens. Da das Geld nicht immer reichte, musste er Nebenjobs annehmen. Derzeit betätigt er sich als Fremdenführer, wodurch wir in den Genuss einer persönlichen Führung durch Cooper Pedy und Umgebung gelangten. Wir erfahren, dass Cooper Pedy einige Zeit in Hollywood eine gewisse Beliebtheit als Filmkulisse und Drehort genoss. 14 Filme wurden in

Cooper Pedy und Umgebung gedreht, die bekanntesten: Mad Max III, Pinch Black und Priscilla.

Jimmy gilt als Honoratior der Stadt. Einen Namen machte er sich als Langzeittrainer des örtlichen Fußball- vereins. Er ist auch ein aktiver Funktionär im örtlichen Golfclub, wobei der

erster Abschlag

vereinseigene Golfplatz als einer der härtesten Parcours der Welt bezeichnet werden kann. Der Abschlag erfolgt selbstverständlich vom Dach des Golfhauses, das sich ebenso selbstverständlich unter der Erde befindet. Für die 18 Löcher erhält man neben der Scorecard auch auf Wunsch ein GPS-System, um die Löcher zu finden. Nebenbei muss man mit Skorpionen, Schlangen und Spinnen (jeweils die giftigsten der Welt) vertraut sein, da man immer am Platz mit ihnen rechnen muss. Dieser Platz ist ein Muss für echte Hardcore-Golfer.

Jimmy erzählt uns von manch schrulligem Unikum, das sich in dieser Hoffnungslosigkeit ansiedelte. Das originellste von ihnen verstarb kurz vor unserer Ankunft, seine Wohnung gilt bereits als Fixpunkt des touristischen Besichtigungsprogrammes (sofern ein solches existiert). Es handelt sich um Erwin von Blumental, einem Balten-Deutschen aus Lettland. Er kämpfte in der Wehrmacht, schaffte es aber nach Kriegsende nach Australien auszuwandern. Bekannt wurde „Harry" (sein neuer Name) durch seinen Job: Er jagte Krodkodile im Nordterritorium. Dadurch erhielt er den Spitz- namen „Crocodile-Harry" und ging auch in die australische Filmgeschichte ein, da er als Vorbild für den Erfolgsfilm

Green

„Crocodile Dundee" diente.

Das "Haus" von Harry

Mit dem Alter entschloss er sich zu einem Umzug nach Cooper Pedy, um sein Glück im Opalschürfen zu versuchen. Hier ging er durch seine vielen Anekdoten (besonders über seinen ehelichen Kleinkrieg) in die Lokalgeschichte ein. Seine Wohnung in einem Hügel in der Nähe der Schürffelder ist heute zu besichtigen und bietet eine unglaubliche Ansammlung an Kitsch und pseudo-künstlerisch verarbeitetem Müll.

Jimmy verfolgt bis heute seinen Traum: „Gelegentlich schürfe ich immer noch." Von Pensionierung ist noch lange nicht die Rede. Wenn er Zeit erübrigen kann, zieht es ihn auf die Schürffelder. Abends sitzen wir im einzigen Pub der Stadt. Ein alter Kroate versucht uns in schlechtem Englisch Opalsplitter um teures Geld zu verkaufen. Das erinnert mich daran, dass im örtlichen Supermarkt drei Wochen alte kroatische Zeitungen zum Verkauf aufliegen. Cooper Pedy, ein gottverlassener Ort, verlassen sogar von der Zeit.

Hier in Cooper Pedy kommen wir zum ersten Mal mit der Lebenswelt der Aborigines in Berührung. Tatsächlich leben in dieser kleinen Stadt auch einige Aborigine-Familien. Wir wissen allerdings nicht, ob sie immer schon hier leben oder mit der Gründung Cooper Pedys zugewandert sind. So genau wusste das auch die australische Regierung nicht, als sie in den Fünfzigerjahren in dieser Wüste ein Atombombentestgelände für die Briten einrichtete. Jedenfalls machten sie sich nicht sonderlich viel Mühe, das herauszufinden.

Opalsucht

Die Aborigine-Familien leben etwas außerhalb der Stadt und benutzen für ihre Einkäufe den zweiten in Cooper Peedy existierenden Supermarkt, etwas schäbiger und kleiner als der andere, am Ende der Hauptstraße der Stadt. In Cooper Pedy gilt übrigens Alkoholverbot für Aborigines, das von der örtlichen Polizei rigoros kontrolliert wird. Eine solche Kontrolle kann recht rauh ablaufen, wie wir es beobachteten. Eine Aborigine-Familie sucht den Schatten im Zentrum der Stadt und findet aber dort die Aufmerksamkeit einer Polizeipatroullie. Ein Polizeibeamter steigt aus und fordert im scharfen Tone von der Familie: „Open your bag now!" Es entspinnt sich ein heftiges Wortgefecht, bis die Familie resigniert, der Polizist holt einen Tetrapack Wein aus der Tasche und gießt diesen Wein in den Staub. Uns wird es klar, dass sich in dem spontanen kleinen Drama die Tragik eines indigenen Volkes eröffnet.

Rund 30 Kilometer nördlich von Cooper Pedy liegt eine Attraktion, die allerdings nicht leicht zu erreichen ist: Die Breakaways. Entstanden an einer geologischen Bruchlinie von der Stuart Range bis Cooper Pedy, wirken sie wie weggebrochene Landschaftsstücke. In den Niederungen der Breakaways erreichen die Tagestemperaturen nicht

Breakaways

selten 60 Grad Celsius. Berühmtheit erlangten die Breakaways als Filmkulisse für Mad Max III. Cooper Pedy profitierte vom internationalen Erfolg des Filmes Mad Max im Jahre 1979. Drehte man Mad Max noch im östlichen Outback, spielten Mad Max II und Mad Max III in der südaustralischen Wüste. In der Folge nimmt Pitch Black das Wüstenambiente auf und verfremdet es mit künstlichem Licht. In Priscilla diente das Outback bereits als Filmelement, als Teil der Persönlichkeitsentwicklung der Hauptfiguren. Und doch scheiterte man an der Nutzung dieser Events in Cooper Pedy. Während man in Neuseeland, den Herr-der-Ringe-Boom nutzend, eine Tourismusindustrie aufbaute, verrotten die Filmkulissen von Pitch Black in einem Hinterhof von Cooper Pedy. Der Anblick einer australischen Landschaft wie der Breakaways lässt mich immer wieder der Tatsache bewusst werden, dass mir die Gabe der Beschreibung fehlt. Die Kunst, die richtigen Worte für diese Bilder zu finden, ist mir nicht gegeben. Glücklicherweise bin ich mit diesem Defizit nicht allein. Selbst der große englische Australienforscher Edward John Eyre gestand sich ein: „No important rivers to erumerse, no fertile region to point out, no noble ranges to describe." Sein Forscherkollege John McKinley spricht von einem fürchterlichen Durcheinander von Sandhügeln, die unmöglich zu beschreiben wären. Bessere Worte fielen ihm nicht ein.

Mein alter Freund Joseph, seines Zeichen Künstler und Bildhauer, bringt das Atmosphärische der australischen Landscape auf den Punkt: „Es ist das Licht!" Tatsächlich führt das kräftige, alles durchdringende Licht zu jenen Farbenspielen, die Goethe in Verzückung hätten geraten lassen. Verbunden mit der epischen Weite der Landschaft ergibt sich für einen Mitteleuropäer großes Kino in Cinemascope. Breitbandkino pur, denn wir sind den Anblick eine breiten und tiefen Landschaft nicht gewöhnt. Unser Blick endet im Normafall an Bergen, Hügeln, Wäldern, Bäumen und Häusern. Aber nicht jeder sieht dieses australische Spiel von Licht und Farbe.

Der Schriftsteller Cees Nooteboom schreibt nach einer mehrwöchigen Reise durch Westaustralien in Broome über das Outback: „Morgen werde ich darüber hinweg fliegen zur anderen Seite des Kontinents. Dann ist alles unter mir Wüste mit den Farben der Wüste, es wird aussehen wie Sand und Kalk, und alles wird einen Namen haben, der nach Rückkehr ruft, bis es eine Rückkehr gibt."

Es könnte jede Wüste der Welt sein, die intensiven Rottöne entgehen ihm völlig. Diese Farbe muss sich ihm in Form eines in Rot gehaltenen mittelalterlichen Wandteppichs aufdrängen, um eine Erwähnung zu finden. Für ihn existiert als erwähnenswerte Farbe nur die Farbe Grün, die prägende Farbe Europas. Das charakteristische Rot Australiens sieht er nicht mehr.

Wir rattern die 12 Kilometer Schotterpiste zurück auf den Stuart-Highway und biegen wieder nach Norden ein. Links und rechts des Highways erheben sich Sand- und Schotter-pyramiden, aufgehäuft von Generationen von Opal-Schürfern. Irgendwo da draußen liegt mein Claim, auf mich wartend.

Stuart Highway

Wenn dieses Buch kein Erfolg wird, werde ich zurückkehren und mein Glück versuchen.

Und wieder sind wir unterwegs auf dem Stuart-Highway. Dieser Teil des Highways kann sich rühmen, zu den jüngsten Teilen des Straßennetzes zu gehören. Noch in den Siebzigerjahren schrieb Robyn Davidson: „Die modernen Hauptverkehrsadern um Port Augusta verwandelten sich sehr schnell in trostlose, ausgefahrene, endlos rosa Wagenspuren, die in den flirrenden Horizont führen". Zehn Jahre später entschloss sich die australische Regierung, dieses Stück Straße doch zu asphaltieren, und so bildet der Stuart Highway das einzige Asphaltband, das den Kontinent durchquert.

Eine Autofahrt ins Outback, selbst wenn man die Asphaltstraßen nimmt, ist nie eine Selbstverständlichkeit. Der Stuart-Highway stellt keine Ansprüche an den Autofahrer, trotzdem darf man ihn nicht unterschätzen. Es beginnt harmlos, ein Highway wie viele andere in Australien. GPS-Fans werden bald eine ziemliche Einsilbigkeit

Das Territorium ist erreicht

ihres Gerätes feststellen. In der Regel endet die Ansage mit: „Fahren Sie nach links auf den Stuart-Highway. Fahren Sie die nächsten 1200 Kilometer geradeaus." Das war es. Mit der Zeit, je mehr Kilometer hinter uns gebracht sind, meldet das Handy, dass es keinen Empfang mehr habe. Mit der Zeit erlöscht auch der Radioempfang und man muss mit der Stille vorlieb nehmen. Wir beginnen, die entgegenkommenden Autos zu zählen, denn überholt wird man sowieso nicht mehr. Man stellt fest, dass man nur mehr jede halbe Stunde ein Auto begrüßen kann (wichtig: Winken und Hurra schreien). Uns beginnt die Erkenntnis zu dämmern, dass wir die Zivilisation verlassen haben. Man fragt sich: Ist genug Wasser eingepackt? Reicht das Benzin bis zur nächsten Tankstelle? Hoffentlich findet uns jemand, wenn wir mit einem technischen Defekt liegenbleiben. Während des Fahrens haben wir Zeit genug zum Nachdenken, denn die Geschwindigkeitsbeschränkung liegt bei 110 km/h!

Am Straßenrand sieht man als Aufmunterung die Kadaver toter Kängurus und Kamele liegen. Dann und wann wird diese Monotonie durch ein ausgebranntes oder verrostetes Autowrack unterbrochen. Man freut sich, wenn ein Roadtrain vorbei donnert und der Luftzug einen zum Gegensteuern zwingt. Autofahren im Outback bedeutet Monotonie und Hitze, aber auch Herausforderung.

Wir überqueren die Grenze von Südaustralien in das Nord-Territorium und werden über Hinweistafeln von den herrschenden Quarantänebestimmungen informiert. Es klingt seltsam, aber die Einfuhr von Obst und Pflanzen in das Territorium ist verboten. Die werten Autofahrer werden deshalb gebeten, selbige in die am Rand der

Road House

Autobahn bereitgestellten Abfallkörbe zu entsorgen. Immer wieder

96

finden wir das Vertrauen der australischen Behörden in die Correctness der Bürger erstaunlich.

Im Roadhouse treffen wir Robert. Sein Englisch besitzt einen leichten französischen Akzent: „Richtig, ich bin Franzose, allerdings von der Insel Reunion. Ich bin aber schon seit 40 Jahren in Australien." Er arbeitet als Fahrer für das „Aboriginal Women Council" und chauffiert Frauen von den Communities nach Alice Springs und zurück. „Ich komme gerade aus Perth. Mein Vater hat mir sein Auto geschenkt und ich habe es geholt." Ich riskiere einen Blick auf den Parkplatz und finde einen Toyota Corolla Baujahr 1980. Der Kilometerstand ist unbekannt, da der Kilometerzähler längst den Null-Punkt wieder passiert hat. Allein vom Aussehen her hätte dieses Fahrzeug seit mindestens zehn Jahren keine Chance mehr auf ein österreichisches „Pickerl". Auf keinen Fall würde man sich in Europa für ein solches Auto ins Flugzeug setzen, um selbiges 2.000 Kilometer zurück zu fahren. Aber Australien ist anders, das Auto wird locker die nächsten 100.000 Kilometer durchhalten.

Road-Train

Es geht wieder zurück auf den Stuart Highway. Die Leere der Wüste hat uns wieder, nur ergänzt durch die Leere des Highways. Doch nicht ganz leer, Roadtrains holen uns ein. Mächtige, 53,5 Meter lange Kolosse beherrschen den Asphalt zwischen Darwin und Port Augusta.

Für die Logistik im Outback erweisen sich die Roadtrains als ideale Transportfahrzeuge. Die gewaltigen Entfernungen erzwingen eine hohe Transportleistung, die kostengünstig nur durch die Roadtrains geleistet werden kann. Von Überholversuchen wird dringend abgeraten! In Europa spekuliert man mit der Einführung des sogenannten Gigaliners, ein LKW-Typ von bis zu 25 Metern Länge. Im Vergleich zu den Roadtrains eher bescheidene Fahrzeuge, doch fehlen in Mitteleuropa die Straßen, die für solche LKWs geeignet sind. Aprospos Unfälle: Auch im Outback gibt es Verkehrsunfälle (wenn auch wenige), Fahrzeugbergung sinnlos. Man lässt das Wrack einfach friedlich vor sich hinrosten. Für uns geht der Tag vorüber, Uluru, der rote Felsen wartet.

vergessener Unfall

Uluru – ein magisches Wort, das viele faszinierende Vorstellungen auslöst. Uluru ist der Name für den berühmten roten Felsen im Zentrum Australiens, weitab von jeder Zivilisation. Er gilt als eines der klassischen Wahrzeichen Australiens, nur knapp hinter der Oper in Sydney angesiedelt. Trotz des erhabenen Alters des Felsens muss Uluru die touristische Nutzung erst seit wenigen Jahrzehnten erdulden. Erst 1936 erreichten die ersten Touristen den roten Felsen, man brauchte aber bis 1959, um direkt am Felsen das erste Motel und eine Landebahn für Flugzeuge zu errichten. Damals beliebten die Touristen „Bierdosen aus dem Auto zu werfen, Äste von den Bäumen zu reißen, und genau da Feuer anzuzünden, wo es besonders gefährlich war", wie es Robyn Davidson noch in den Siebzigerjahren schrieb.

Das rote Herz
Der Massentourismus

Uluru

Seit der Rückgabe Ulurus mitsamt dem Territorium an die Aborigines im Jahr 1985 stoppte die neue Nationalparkverwaltung die touristischen Entartungen und brachte die touristische Nutzung des Felsens in geordnete Bahnen. So perfektionierten die Australier die touristische Nutzung Ulurus in einer ungeahnten Weise. Sie bauten die ideale Tourismus-Maschine und schufen den wahrgewordenen Albtraum für jeden Reisenden: Yulara.

Angeblich stammt der Name aus der örtlichen Aborigine-Sprache und meint „den Ort der heulenden Dingos". Aber nicht nur den Dingos kommt beim Anblick dieses Ortes das Heulen. Yulara ist eine Stadt mit eigenem Stadtrat, Polizei, Feuerwehr, Krankenhaus und Flughafen. Aber Yulara ist auch eine Stadt mit nur einer Handvoll ständiger Einwohner, wenn man von den Aborigines absieht, obwohl zu Spitzenzeiten bis zu 10.000 Menschen dort wohnen. Die Stadt bildet eine touristische Zivilisationsinsel, die mit dem mondänen weltweiten Tourismusnetzwerk in enger Symbiose lebt, aber praktisch keine Beziehung zu seiner Umgebung besitzt.

Auch wir nutzen dieses klassische touristische Angebot. Um wenige Dollar (inklusive Flug!) finden wir uns in einem Hotel wieder, das den internationalen touristischen Standard problemlos erfüllt. Selbst das Swimmingpool glänzt mit kaltem Wasser (in der Wüste!). An diesem Pool geben wir uns dem Leben „echter" Touristen hin. Linker Hand räkelt sich eine junge Dame aus Düsseldorf, die mittels Handy ihrer Freundin in Deutschland mitteilt, dass der Göttergatte gerade mit dem

Yulara

Helikopter in Richtung roter Felsen unterwegs ist. Die gekonnt gespielte Langeweile in ihrer Stimme deren einziger Zweck darin besteht, ihre Freundin zu beeindrucken, zeigt bereits Routine in der Kunst des sozialen „Protzens". Man spürt förmlich, wie sie ihrer Freundin ein „Ätsch, ich sitze hier mitten in Australien und du hustest dich im winterlichen, öden und kalten Düsseldorf weg" hinüber bringen will. Dieser satzlange Untergriff wird gut verpackt in scheinbar nebensächlichen Verbalien. Die gezielte Botschaft des „meinigen, der mehr Kohle hat als deiniger" braucht man wohl nicht mehr erwähnen. Man beginnt zu erahnen, wie ihre „beste" Freundin innerlich kocht. An der physischen Gestaltung ihres Bodies kann man erkennen, dass ihre hauptberufliche Tätigkeit in der Pflege und Erhaltung desselbigen besteht.

Rechter Hand macht sich George aus Georgia (USA) auf der Liege gemütlich. Wir erfahren, dass er sein Geld mit „Peanuts" verdient. Unser verständnisloser Blick amüsiert ihn: „Ich besitze eine Erdnussfarm im Süden, in Virginia." Unsere Gegenfrage („Kennst du Jimmy?") bringt ihn etwas aus der Fassung, bis ihm die Erkenntnis kommt. Ja, Jimmy Carter sei ein Nachbar von ihm. Man trifft auch im Zentrum Australiens so etwas wie Prominenz. Gott sei Dank ist das Wasser im Pool kalt.

Ein Spaziergang durch Yulara überzeugt uns von ihrem Charakter als Retortenstadt. Fünf Hotels der gehobenen Kategorien stehen den Touristen zu Verfügung, dazu natürlich ein Campingplatz, nicht zu vergessen Shops und Restaurants. 800 Menschen (davon

Der Flughafen

nur 22 Aborigines) sind damit beschäftigt, diesen Luxus zu ermöglichen. Obwohl von der Feuerwehr bis zu Supermärkten alle typischen Elemente einer Gemeinde vorhanden sind, leben die wenigen ständigen Einwohner außerhalb der Anlage. Man erkennt die Struktur einer gigantischen Maschine der

101

Tourismusindustrie: Der Nationalpark, die Hotelstadt und der Flughafen.

Vom Flughafen über den Bus (AATking) bis zum 4-Sterne-Hotel bewegen sich die Touristen in einer internationalen sterilen Umgebung und kommen nur punktuell über Kurzbesichtigungen in Kontakt mit dem Gastland. Es ist wie Fernsehen im Wohnzimmer, nur in 3D und man nimmt sich das Wohnzimmer mit. Der einzige Kontakt mit der Wüste erfolgt über die geschützte Anlage von Yulara oder in den sorgsam vorbereiten „Areas" am Felsen. Für höchstens drei Tage werden die Touristengruppen durch Yulara und den Nationalpark durchgeschleust und möglichst rasch wieder weiter transportiert, da die nächsten Gruppen bereits unterwegs sind.

In diesem System reisen die Touristen nicht länger. Im Moment des Betretens des Flughafens geraten sie in ein gigantisches, die Welt umspannendes Transportsystem, dessen einziger Zweck es ist, in einem Kreislauf den Touristen wieder zurück zu bringen. Touristen mutieren zur Fracht, die in einer lückenlosen Kette von Flugzeug und Luxusbus (oder Kreuzfahrtschiff) in einem lückenlosen Zeitplan weitergereicht und wieder abgeliefert wird. Der Tourist mutiert zur Ware, die möglichst effizient in einem gestrafften Zeitplan transportiert werden muss. Individuelle Wünsche sind nicht vorgesehen.

Für Australien bringt ein solches System bares Geld, der Tourismus stieg mittlerweile zum Devisenbringer Nummer eins im Lande auf. Bare 35 Milliarden australische Dollar brachten die über 6 Millionen Touristen im Jahr 2012 ein, mindestens 510.000 Australier verdienen sich ihr tägliches Brot im Touristengeschäft. Pauschalreisen haben sich als touristische Cash-Cows herausgestellt: Leicht zu organisieren und durchzuführen mit geringem Risiko. Kein Wunder, dass dann und wann die Natur zurücktreten muss.

So werden in Westaustralien Haie zum Abschuss freigegeben. Der Ministerpräsident von Western Australia, Colin Barnett, begründete die Maßnahme mit einem besseren Schutz für Badegäste. "Ich weiß, dass viele Australier im Westen, die den Ozean lieben, einen besseren Schutz vor gefährlichen Haien an diesen Stränden wollen", sagte er. Das nebenbei bemerkt in erster Linie Touristen von Auswärts geschützt werden, schwingt in dem Kommentar mit. Da stört es nicht, dass Meeresbiologen das Vorhaben als sinnlos einstufen und die Methode der Jagd (Ausbringung von Ködern in Strandnähe) eher Haie anlockt.

Einen problematischen Umgang pflegen die australischen Behörden mit den „Highlights" des internationalen Tourismus im Lande. Im Gegensatz zu Europa kann sich die australische Tourismuswirtschaft kaum auf Kulturdenkmäler stützen, das Land ist einfach zu jung. Die Oper in Sydney und die Brücke davor, das wars auch schon. Die verschiedenen über das Land verstreuten Heritage-Sites bleiben dem Toruisten weitgehend unbekannt. Der Tourismus basiert vielmehr auf die Fülle von Naturdenkmälern, deren optische Wucht besonders für Europäer so attraktiv wirkt. Immerhin besuchen rund 4 Millionen Menschen die australischen National Parks. Da kann es zu wirtschaftspolitischen Konflikten kommen, so geschehen am Great Barrier Reef.

Wenn es so etwas wie kollektive Bilder von Australien gibt, dann sind es die von berühmten Stränden und staubigen Outback-Landschaften. Das berühmte Reef ist die absolute Nummer Eins in der Hitliste der australischen Naturdenkmäler. Gleichzeitig befindet sich aber einer der wichtigsten Kohleexporthäfen Austra-

Zwei Naturdenkmäler

liens, Abbot Point, in der Nähe des Reefs. Über die Häfen entlang des Reefs wird ein Exportvolumen von 26 Milliarden australische Dollar im Jahr erzielt, deutlich mehr als durch den Tourismus.

Um den Kohleexport anzukurbeln wurde von der konservativen Regierung in Canberra der indischen Ademi-Gruppe die Kapazitätserweiterung des Hafens um 70% genehmigt. Leider bedeutet das aber auch, dass drei Millionen Kubikmeter ausgebaggerter Meeresboden im Great Barrier Reef deponiert werden sollen. Zwar erklärte der australische Umweltminister Greg Hunt, dass man negative Auswirkungen auf die Umwelt vermeiden werde (das vorgesehene Depot befinde sich nicht direkt im Reef-Gebiet), aber für erfahrene europäische Ohren klingt das wie eine Drohung. Hier geraten definitiv zwei wirtschaftliche Entwicklungs-linien in Konflikt: Die der Rohstoffökonomie und die der Tourismusökonomie. Inwieweit die Australische Regierung bereit ist, diesen Konflikt auch nur zu erkennen, geschweige denn darauf zu reagieren, bleibt abzuwarten.

Ein weiteres Phänomen wird in Australien nicht einmal diskutiert. In der tourismusökonomischen Fachsprache spielen die Urlaubsziele, kurz „Destination" genannt, eine Schlüsselrolle. Doch Destinationen können sich „verbrauchen". Aber wie kann sich eine Region „verbrauchen"? Auch wir zogen erstaunt die Augenbrauen hoch, aber es stimmt. Durch touristische Übernutzung (welch ein Wort!) kann eine Destination an touristischer Attraktivität verlieren (auch Touristen mögen Massen nicht, schon gar nicht touristische) und die Karawane zieht weiter. So geschehen auf Bali, das durch den Tourismus an den Rand des Kollapses getrieben wurde - und die Touristiker "entdecken" die Nachbarinsel Lombock.

Slow Tourism

Dieses Schicksal wird wohl Yulara erspart werden, da die zu Verfügung stehenden Ressourcen ein unbe-grenztes oder auch nur beschränktes Wachsen nicht zulassen. Die touristischen Kapazitäten werden durch die Ökologie unerbittlich limitiert und lassen ein Überschreiten der Grenzen nicht zu. Eine solche Diskussion findet in Australien nur in Ansätzen statt. Es existiert mit Ecotourism ein neuer Ansatz, der die Umwelt einer Destination als Kapital betrachtet, das ökologisch und nachhaltig genutzt werden soll. Liest man die Quebec Declaration für Ökotourismus, dann sieht man ein großes Potential für den australischen Tourismus. Die Declaration sieht vor allem die Erhaltung des Natur- und Kulturerbes, die Einbindung der lokalen und indigenen Communities und die Einbindung der Individualreisenden und kleiner Gruppen vor.

Es gibt bereits ein australisches Zertifizierungsverfahren für Ökotourismus, die Homepage (www.ecotourism.com.au) weist bereits über 1.000 touristische Unternehmen aus. Trotzdem, in der touristischen Masse fallen sie nicht ins Gewicht. Es ist zu hoffen, dass hier ein Durchbruch erreicht wird.

In diesem Sinne sieht ein australischer Touristiker die Slow Traveller mit gemischten Gefühlen. Nicht nur die Verweigerung der Segnungen der Touristikindustrie, auch der durch die Form des Reisens sich ergebende sparsame Reisestil entspricht nicht unbedingt den Vorstellungen der Touristikmanager. Durch die Uneinsichtigkeit des wahren Reisenden verschwindet er vom Radar der Touristikökonomie. Aber es kommt noch schlimmer. Man spricht bereits in der Tourismusökonomie vom „post-modernen" Touristen, der in den Startlöchern scharrt. Dieser wünscht flexible Erlebnisprodukte, die auch vor Ort praktisch „just-in-time" erstellt werden. In Verbindung mit Nachhaltigkeit spricht man bereits vom neuen Trend des „Slow Tourism", der die fordistische Struktur des globalen Tourismus infrage stellen wird. Australien steht fremdenverkehrspolitisch vor großen Herausforderungen.

Unter dieser Glitzerwelt des globalen Tourismus gibt es jedenfalls eine Art „Unterwelt" des Reisens, die dem „Slow Tourism" nahekommt. Es ist die Welt der Budget- und Backpackerreisenden. Das ist die Welt der Hostels und B+B, der Busse und Eisenbahnen. Oder sie nutzen billige (und gebrechliche) Gebrauchtwagen. Empfehlenswert sind die vielen Tourangebote für diese Zielgruppe. Man ist in klapprigen und unbequemen Kleinbussen unterwegs, aber die Guides sind bemüht und gewöhnlich gut informiert und man kommt in Kontakt mit dem Land. Dazu sind sie preisgünstig. Aber eines sind sie nicht: bequem. Wer Bequemlichkeit sucht, wende sich an die üblichen Verdächtigen.

Wir widmen uns dem roten Felsen. Der Felsen ist ein guter Freund geworden, den wir immer wieder gerne besuchen. Eine Umrundung

Uluru

zu Fuß bedeutet nicht nur eine ausgiebige Tagestour, sie schafft jedesmal wieder neue Eindrücke der verschiedenen Vielfältigkeiten des Felsens. Auf dem Fußmarsch rund um Uluru darf man sich nicht über die wild gestikulierenden Wanderer wundern, die mit der Zeit entgegenkommen. Weder begrüßen sie einen, noch diskutieren sie so auffällig. Das Geheimnis ist rasch gelüftet und am eigenen Leib spürbar: Fliegen, die penetrant in jede Körperöffnung kriechen wollen. Da bleibt nur, das Fliegennetz über den Kopf zu ziehen, aber man sollte es auch mithaben!

Es gibt auch eine Luxusversion des Sun-Down-Sight-Seeings. Man kann auch mit Dinner und einem Gläschen Sekt den Sonnenuntergang erleben und dabei „den unterhaltsamen Geschichten aus der Kultur der Aborigines" lauschen (so steht es zumindest im Hochglanzbroschürentext). Man kann aber auch diese Broschüre im nächsten Papierkorb entsorgen.

In Yulara haben wir junge Menschen getroffen, deren einziger Ehrgeiz darin besteht, möglichst schnell den Felsen hinaufzulaufen! Wir plaudern mit einem von ihnen, einem jungen Mann von nicht mehr als 24 oder 25 Jahren. Er studiert Jus in Kalifornien und kam nur für einen Tag und für diesen Lauf nach Yulara. „Was macht das für einen Sinn" fragen wir. Ein verständnisloser Blick seitens des jungen Mannes folgte. „Es ist die sportliche Herausforderung. Nach dem Pyramidenlauf in Ägypten ist der Felsen mein zweites großes Ziel". Er ist für einen Tag gekommen um zu laufen und am nächsten Tag zu verschwinden, ohne irgendeinen Eindruck vom National Park mitzunehmen. Einzelne Reiseveranstalter bieten bereits Zertifikate für die Besteigung an und machen damit

Abendstimmung

ein gutes Geschäft. Wir nutzen dieses Angebot nicht, da man gute Freunde nicht mit den Füßen tritt.

Sieht man sich den Felsen mit den Augen der Aborigines an, so erkennt man sofort eine überdimensionale, aber wohnliche Heimstätte. Man muss sich Uluru als eine Art Haus vorstellen, aus dem im Laufe von Generationen eine Wohnstätte entstand, wo die Eingriffe der vielen einander folgenden Mieter nicht mehr wahrnehmbar sind. Im Umgang mit ihrer Umwelt zeigen die Aborigines einen bemerkenswert pragmatischen Zugang.

Dreamtime

Bereits Charles Darwin bewunderte die „beträchtliche Schärfe des Verstandes" und den „wunderbaren Scharfsinn" der Aborigines. Über die Lebenswelt der Aborigines schreibt der französische Ethnologe Phillippe Descola mit einer gewissen Verblüffung:

„Hier gibt es keine Rituale mit dem Ziel, die Nachsicht eines rach-süchtigen Wildes zu erbitten, keinen Schamanen, der die Beziehungen zwischen menschlichen Gesell-schaften und tierischen Gemein-schaften lenkt ."

Die Anthropologin Gabriele Weichart spricht bei der mythischen Urzeit von Ahnenwesen der Dreamtime, deren von ihnen aufgestellte Normen und Verhaltensregeln bis heute gelten, von Dreaming als anerkanntem Begriff. Wir wollen uns nicht weiter in das interessante Thema des Dreamings versenken, es würde ein eigenes Buch

Auf dem Track

erfordern. Für unser kleines, bescheidenes Büchlein genügen die Aspekte der Sacred Sites und der Songlines. Neben den Wohnplätzen am Felsen spielen die Sacred Sites eine wichtige Rolle im Alltagsleben der Aborigines, Plätze, an denen man in sprituelle Beziehung zu den Ahnen treten kann.

Die Sacred Sites bilden Knotenpunkte in einem Netz von Traumpfaden (Dreaming Tracks) von unterschiedlicher Länge. Diese Dreaming Tracks können nur einen lokalen Weg umfassen, aber auch wie der Emu Dreaming Track den halben Kontinent durchqueren. Als Wegbeschreibung dienen Lieder, die von Generation zu Generation weitergegeben werden. Bruce Chatwin spricht deshalb von Songlines, die mit der Geographie und Mythologie untrennbar verbunden waren. Wichtig war, dass weder ein Wort, noch eine Note geändert werden durfte, da dadurch die Qualität als Wegführer verloren ging. Da verwundert es nicht, dass der Song gleichsam zur Sicherheit in der Welt der Ahnen eng verankert ist, weshalb Bruce Chatwin schreiben konnte:

„Ein Mann, der walkabout ging, machte eine rituelle Reise. Er folgte den Fußspuren seines Ahnen. Er sang die Strophen, ohne ein Wort oder eine Note zu ändern – und erschuf so die Schöpfung neu."

Im Alltagsleben konnten sich die Aborigines mit ihren Liedern problemlos orientieren. Die schwierige Ökologie Australiens spiegelt sich im Lied wieder und vermittelt eine genaue Kenntnis der lokalen Natur (Ein notwendiges Wissen, denn eine Aborigines-Community konnte auf einem Territorium von mehreren 100 km2 über 300 Orte mit Wasserquellen kennen). Diese Natur findet sich räumlich und mythologisch im Dreaming eingebettet wieder.

eine Songline

Ich nehme an, dass die einzelnen Aborigines-Communities regelmäßig Lieder austauschten. Für die Durchquerung der verschiedenen Terrritorien ist das eine unentbehrliche Voraussetzung. Das werden mir die Anthropologen verraten, wir selbst konnten diese Frage nicht mehr klären.

Songlines gab es nicht nur in Australien, sie waren im südpazifischen Raum verbreitet. Der Biologe Robischon schreibt von einem dichten Netz von Liedern, die eine präzise Seekarte ergaben. Es wuchs „das Netz von Legenden und Bootsgesängen, verwob sich mit dem Netz der Vogelzüge und ergänzte das vieldimensionale Mosaik der Naturerscheinungen. Die Landschaft des Meeres und der Inseln wurde mit überraschender Präzision abgebildet."

Interessanterweise brach dieses Netz von Songlines im vierzehnten Jahrhundert im polynesischen Raum zusammen, die gesungene Seekarte löste sich auf. Es lässt jedenfalls die Hypothese zu, dass die Songlines ein weltweites historisches Phänomen darstellen, das sich nur in Australien erhalten konnte. Wir aber verlassen die Songlines und kehren auf den harten Asphalt zurück. Es geht nicht auf Walkabout, sondern auf Bikeabout.

Wir müssen uns um eine andere Frage kümmern. Der Nationalpark bietet nämlich noch eine Attraktion, die allerdings nicht so leicht ins Auge fällt, nämlich eine der schönsten Bikertouren der Welt. Ich spreche nicht nur von einem Bike, eine Harley muss es sein, man gönnt sich ja sonst nichts. Australien ist zu meiner großen Freude ein einziges großes Biker-Traumland. Es wird beherrscht von zwei großen und traditionsbehafteten Motorradmarken: Harley-Davidson und Ducati. Der Rest ist nicht erwähnenswert.

Harley und Biker

Station bei Uluru

Vergesst die USA mit ihrer Route 66, wer wirklich das Lebens- und Fahrgefühl einer Harley ausloten und die letzten Geheimnisse des Biker-Feelings ergründen will, dem bleibt eine Australien-Tour nicht erspart. Egal, ob man die Great Ocean Road nach Süden testet oder von Sydney die Küste entlang nach Süden gleitet, keine Tour in Europa oder den USA kann man als gleichwertig bezeichnen. Es gibt nur eines: Ein Bike zu mieten und sich in den Sattel zu schwingen. Der Motor ist gestartet und sanft gleitet die Harley den Highway entlang in die Wüste hinaus. Obwohl noch eine Temperatur von 35 C herrscht, kühlt der Fahrtwind. Die Tour endet selbstverständlich am Felsen, um den Sonnenuntergang (ein touristisches Highlight) zu erleben. So geht auch unser Aufenthalt in Yulara zu Ende.

Wir haben wie immer unsere wenigen Habseligkeiten schnell gepackt und uns auf den Weg nach Alice Springs gemacht. Am Highway liegt eine versteckte Attraktion, deren Besuch sich lohnt: Ein Fluss in der Wüste! Mitten im Zentrum Australiens fließt der Finke River ungeachtet der Wüste und der extremen Temperaturen träge dahin. Niemand weiß, wo er entspringt, niemand weiß, wo

Finke River

er irgendwo im Never-Never-Land mündet. Es ist jedenfalls eine gute Gelegenheit, zumindest die geschundenen Füße zu baden.

Alice Springs, eine kleine Stadt im Herzen des roten Kontinents, gegründet aus einer Telegraphenstation heraus. Mit rund 28.000 Einwohnern erscheint sie nicht als bedeutend, doch ist es der größte und wichtigste Ort im Zentrum Australiens, das immerhin die Größe Mitteleuropas umfasst. Der nächste Ort, der diese Bezeichnung verdient, liegt gute 500 Kilometer entfernt. Dazwischen befindet sich Wüste, nichts als Wüste (oder Salzsee). Für die „Alicians" bedeutet dies eine durchschnittliche Tagestemperatur von 35 Grad Celsius. Doch Temperaturen bis zu 50 Grad Celsius sind nicht selten. Die Wüste ist nicht ungefährlich, so zählt doch der häufig vorkommende Wüstentaipan zu den giftigsten Schlangenarten der Welt.

Alice Springs

Kommunikation und erneuerbare Energien

Alice Springs

Und doch besitzt Alice Springs alles, was eine Stadt braucht. Neben Restaurants, Cafes, Hotels und Hostels, Geschäften und Supermärkten existiert auch ein Krankenhaus, Schulen und Kindergarten. Bis zum College kann die Stadt ein breites Spektrum an Schulbildung anbieten. Sie ist sogar der Sitz der berühmten „School of the Air", eine Schule, die ursprünglich über Sprechfunk arbeitete und jetzt ein breites Spektrum an Fernunterricht anbietet.

Robyn Davidson spricht von der „architektonischen Hässlichkeit des Ortes; ein krank machender Kontrast zu der Erhabenheit des Landes ringsum. Staub bedeckte alles, angefangen bei der großen, weithin sichtbaren Eckkneipe bis hin zu den schäbigen, einfallslosen Schaufenstern in der Hauptstraße."

Die Geschäftsstrasse

Ebenso findet Bruce Chatwin schon in den Achtzigerjahren harsche Worte zu Alice Springs. Es sei „ein trostloser, amerikanisierter Ort mit lauter Reiseagenturen, Souvenirgeschäften und Erfrischungskiosken geworden. Ein Laden verkaufte ausgestopfte Koalabär-Puppen und T-Shirts." Die Liste kann man mit den Galerien für Aborigine-Kunst ergänzen, die sich an prominenter Stelle niedergelassen haben. Wir sehen eine solche Entwicklung nicht so negativ, schließlich muss ein Ort wie Alice Springs in seiner Abgeschiedenheit jede ökonomische Chance nutzen und wenn die Tourismusindustrie soviele Brosamen fallen lässt, warum nicht? Heutzutage zeigt sich Alice Springs als moderne australische Stadt im Outback. Die Straßen sind großteils asphaltiert, die Lokale und Geschäfte in einem beeindruckenden Zustand. Wir vermeiden die Hotels der Stadt und biegen in die Straße mit unserem Hostel mit dem familiären Namen Annies Place ein. Dieses Hostel bietet den Luxus eines außergewöhnlichen Doppel-zimmers mit eigenem Bad. Im Innenhof befindet sich das im Outback offenbar unvermeidliche Swimming-Pool,

Das Hostelzimmer

aber wir wissen einen solchen Luxus bereits zu schätzen. Ergänzt wird die Anlage durch eine urige Bar, die von der Verwertung ausrangierter alter Möbel belebt wird. Annie selbst, eine Frau in den Vierzigern, beherrscht ihr kleines Reich mit strenger Hand.

Natürlich müssen wir Alice Springs erkunden. Auf dem Weg ins Zentrum fällt uns ein Büro genau gegenüber der City-Hall auf. Ein, in blau-weiß gehaltener, mit der Aufschrift Alice solarcity versehener Kleinwagen geparkt vor dem Eingang dient offensichtlich als Eyecatcher. Ein Grund für uns, sofort einzutreten. Wir werden zum Projektleiter mit dem schönen Vornamen Bruce geführt, der, von der Aussicht geschmeichelt, dass sich selbst Europäer für seine Arbeit interessieren, gerne mit uns spricht. „Das Solarcityprogramm hat das Ziel, die Sonnenenergie als erneuerbare Energieform zu popularisieren", erzählt er. Für diesen Zweck wählte man australienweit aus jedem Bundesstaat ein bis zwei Vorzeigeorte. Alice Springs repräsentiert das Nord-territorium. „Wir haben schon einiges geschafft", berichtet Bruce stolz, „wir haben ein Desert Knowledge Solar Centre mit 15 Solartechnologien zum Ansehen und Angreifen gebaut. Eröffnet wurde das Centre vom Minister Garnett persönlich."

Das Solarauto

Zur Erfolgsliste zählt noch eine Solaranlage auf dem Dach des besten Hotels der Stadt, das Crown Plaza Hotel. Nebenbei bemerkt kam dieses Hotel durch Priscilla zu Kinoehren. Man spürt aus den Worten von Bruce noch die Aufbruchstimmung, aber nicht lange danach sollte die Geschichte das Projekt einholen. Am 14. Juni 2013 schloss Alicesolarcity seine Pforten, aber da hatte Bruce längst einen anderen Job in einer anderen Stadt. Das Desert Solar Centre verfällt friedlich vor sich hin und die kleine Schauecke im Hotel erfüllt nun andere Zwecke.

Auf dem Weg zur Besichtigung des Solar Centre kam es für uns zu einer erstaunlichen Entdeckung. Man glaubt es kaum, aber in Alice Springs existiert auch eine Rudolf-Steiner-Schule. Erst 1996 als Kindergarten gegründet, wuchs sie zu einer Schule mit sechs Schulstufen heran. Derzeit werden 100 Schüler (davon sechs Aborigines) von sechs Vollzeitlehrern und mehreren Teilzeitlehrern (variierend pro Halbjahr) unterrichtet.

Eine Schulklasse

Die Anforderungen an die pädagogische Arbeit sind enorm. Die Schule befindet sich südlich der Stadt mitten in der Wüste, von der Stadt getrennt durch die MacDonnell-Bergkette. An den Hängen dieser Kette bildet die Schule ein eigenes, kleines Dorf. Die Klassen, Bibliothek, Verwaltung und selbst das WC sind in eigenen Gebäuden um die Gemeinschaftsplätze gruppiert.

Erweiterungen des Schul-
betriebes sind einfach durchzuführen: Man baut einfach einen
zusätzlichen Flachbau und
markiert einen Weg im
Wüstenboden.

Die Wüste spielt eine große Rolle
in der pädagogischen Arbeit. Im
Mittelpunkt steht deshalb nicht
nur das Leben in der Wüste,
sondern auch das Überleben.

Der Verwaltungstrakt

Nicht umsonst besitzt die Schule ein Erste-Hilfe-Zimmer mit einem
gut ausgestatteten Medikamentenkasten (In der Nähe befindet sich
auch ein Airstrip der „Flying Doctors").

Die zweite Säule der Pädagogik ist die Auseinandersetzung mit der
lokalen Aborigine-Kultur. Alice Springs ist der Sitz des Aborigine-
Councils, dadurch besitzt die Stadt den De-Facto-Status einer
Hauptstadt für die Aborigine-Nation. Elemente der Aborigine-Kultur
kommen in der täglichen Arbeit vor, Aborigine-Zeremonien sind
genauso Teil des Schulalltags wie christliche und andere religiöse
Zeremonien.

Wenn es so etwas wie einen dunklen Punkt gibt, dann ist es die
Ernährung. Die Schule besitzt eine hervorragend ausgestattete
Küche, doch wird diese nur für
Schulfeste benutzt. Ansonsten
sind die Schüler auf ihre mit-
gebrachten Lunchboxen ange-
wiesen. Das Wissen über bio-
dynamische Küche ist praktisch
nicht vorhanden. Der Grund ist
einfach: Es fehlt das Geld.
Privatschulen erhalten nur rund
20% ihres Budgets vom Staat
finanziert, der Rest muss ander-
weitig aufgetrieben werden.
Keine leichte Aufgabe in einer
kleinen Stadt wie Alice Springs.

Ruheplatz

115

Telegraphenstation

Es ist ein netter Spaziergang zur Telegraphenstation hinaus, sofern man 40 C Tagestemperatur als nett bezeichnen kann. Der historische Ursprung der Stadt und eine der wenigen Heritage Sites liegt etwas außerhalb im Norden der Stadt. Auf dem Weg dahin kann man auch den Anzac-Hügel erklimmen und sich einen schönen Überblick über Alice Springs verschaffen. Bald können wir die renovierte Station besichtigen. Man glaubt es kaum, aber die Geschichte von Alice Springs beginnt mit dem berühmten „singenden Draht".

Zwischen 1860 und 1880 kam es zu einer kommunikationstechnologischen Revolution, die man mit dem Durchbruch des Internets im 20. Jahrhundert vergleichen kann. Erstmals in der Geschichte der Menschheit erstreckte sich mit der Telegraphie ein technisches Netzwerk um die Welt. Tom Standage spricht von einem viktorianische Internet. Australien wollte dabei sein, aber wie?

De Anschluss ans Netz war wirtschaftlich wichtig, da der weltweite Handel sich über den Telegraphen abspielte. Post bedeutete

Die Ruhe nach dem Marsch

für Australien eine Never-Ending-Story. 1839 benötigte ein Schiff von Southhampton nach Melbourne (mit Verlängerung nach Sydney) durchschnittlich drei Monate. Mit der Einführung von Dampfschiffen und der Verkürzung der Strecke über Mittelmeer und Rotes Meer erreichte man eine zeitliche Abkürzung. Die Post wurde in Alexandria aus- und in Suez wieder eingeladen.

In Ceylon erfolgte eine Umladung der australischen Post auf den Liniendampfer nach Freemantle, Adelaide, Melbourne und Sydney. Man musste immer noch mit durchschnittlich 40 Tagen Reisezeit rechnen.

Der Telegraph bot die Chance, die Dauer des Nachrichtenverkehrs auf wenige Stunden zu reduzieren. Allerdings endete die Telegraphenleitung in Singapur, wie sollte sie weiter geführt werden? Für Queensland eine klare Sache: Das Unterwasserkabel soll bis Brisbane gelegt werden. Westaustralien wiederum schlug den Anschluss bei Perth vor, mit einem Überlandkabel durch die Nullabor bis Adelaide.

Südaustralien plante das aufwendigste Projekt. Basierend auf Tagebüchern von John McDonell Stuart, der 1862 den Kontinent vom Norden nach Süden durchquerte, plante Adelaides Postmaster Charles Todd eine Route von Port Augusta nach Darwin. Die Route durch Queensland erschien einfacher, aber Südaustralien bot die Finanzierung der Strecke an, ein überzeugendes Argument. 11 Verstärkerstationen im Abstand von jeweils rund 200 km wurden benötigt, jede Station brauchte eine Wasserstelle in der Nähe. Dies war die Geburtsstunde von Alice Springs als Telegraphenstation!

Wir müssen uns im Hostel einer notwendigen Pflicht widmen, Waschtag ist angesagt. Das klingt nach Pflicht und Arbeit, doch ist es eine willkommene Abwechslung und (man glaubt es kaum) Erholung. Man packt seine Wäsche, bewegt sich in den Waschraum mit den Waschmaschinen und versucht, selbige zum Laufen zu bringen. Man sucht das Waschpulver, das angeblich zu Verfügung stehe, findet aber es nicht. Irgendwer hat Waschpulver im Supermarkt besorgt und gibt es gegen ein Paar Dollars ab. Auf jeden Fall muss man warten, entweder auf eine freie Maschine oder auf das Fertigwerden des Waschganges. Oder man teilt

Annies Place

sich einen Waschgang, weil man nicht soviel Wäsche zu waschen hat. Das gibt Zeit, sich mit den Backpackern, die dasselbe Schicksal traf, zu unterhalten. Besonders Hermine nutzte die Gelegenheit, ihr Englisch zu üben. Den Rest des Tages verbringt man am kleinen Swimmingpool und trinkt ein Bier.

Todd-River

Die Anthropologin Gabriele Weichart schreibt, dass Zentral- und Nordaustralien angeblich das „wahre" Australien zeige, das von Touristen, aber auch von Aussteigern auf der Suche nach dem „Anderen" gesucht wird. Sie hoffen, „authentische" Menschen (am besten Aborigines) in einer „authentischen" Umgebung in einer „spiritualisierten" Atmosphäre zu finden. Das verkauft sich eben gut in der Tourismusindustrie. Ein Gespräch mit einer Krankenschwester vom örtlichen Krankenhaus überzeugt uns, dass es nicht weit her ist mit der angeblich so heilen und spirituellen Welt. Sie stammt aus Adelaide und wollte ursprünglich nur ein Jahr in Alice bleiben, aber das war vor drei Jahren. Jetzt befindet sie sich auf der Suche nach einem Haus. „Die Krankheitsbilder sind immer diesselben", meint sie, „Übergewicht, Diabetes und alles, was dazugehört." Tatsächlich wird die indigene Community von ernährungsbedingten Krankheiten und dem Crock (Alkohol) gequält. Man sieht die indigenen Patienten gewöhnlich im Gras des Vorgartens des Krankenhauses sitzen, umgeben von ihrer Großfamilie und dem Tribe. In dieser Hinsicht sind sie dem Westen überlegen, der soziale Kontakt zeichnet sie aus.

Aborigines versammeln sich gewöhnlich auch im Zentrum der Stadt, wo sie sich im Gras des alten Krankenhauses (heute eine Heritage Site) niederlassen und ihre Bilder zum Kauf anbieten. Über die Kunst der Aborigines urteilt der französische Ethnologe Claude Levi-Strauss recht harsch. Für ihn machten sich die Aborigines daran, „Aquarelle zu malen die so fade und beflissen waren, wie man sie von alten Jungfern hätte erwarten können."

Aufgrund unseres wenig ausgeprägten Kunstverständnisses maßen wir uns kein Urteil an. Die Bilder, die wir sehen, reflektieren für uns aber die indigene Lebenswelt, wie wir sie kennen gelernt haben: Der Bildaufbau und die Struktur streng nach Regeln mit der dazugehörigen Story. Das Wesen der künstlerischen Kreativität, nämlich das Überschreiten von Grenzen und das Spielen mit dem Möglichen kommt kaum vor.

In dieser Hinsicht können wir doch behaupten, ein besseres Verständnis für indigene Kunst zu besitzen als es die Touristen zeigen. Für Touristen gibt es im Normalfall nur zwei Gelegenheiten, Aborigines nicht nur zu sehen, sondern auch zu sprechen. Eine Gelegenheit bildet der indigene Reiseführer in den

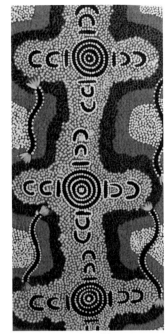

Aborigine-Kunst

Nationalparks, der einige Elemente der indigenen Kultur erklärt. Die zweite Gelegenheit findet sich eben im Zentrum von Alice Springs, wo sich am Tage Aborigine-Familien gewöhnlich niederlassen und selbstgefertigte Bilder anbieten. Aufgrund des bescheidenen Preises gegenüber den Galerien können sie immer mit guten Verkäufen rechnen.

Nichtsdestoweniger erreicht die Aborigines-Kunst ein Niveau, sodass sie bereits als Teil der typisch australischen Kultur gilt. Nicht unbedingt zur Freude der indigenen Künstler, die eine Verein-

nahmung und damit eine quasi geistige Enteignung durch die weiße Kultur fürchten. Gerade die Kunst bietet für sie eine individuelle Möglichkeit, sich von der weißen Kultur abzugrenzen. Wir selbst kauften unsere Aborigine-Bilder in einer von der Aranda-Community betriebenen Gallerie in einem Roadhouse bei Yulara und vermieden es, allzu günstige Angebote anzunehmen.

kein Eingeborener

Männerhaus

Die Urteile der Weißen über die indigene Bevölkerung waren nie günstig, gewöhnlich behandelte man sie herablassend und diskriminierend. Der britische Anatom Sir Grafton Elliott Smith schrieb 1923 in seinem damals vielgelesenen Buch „Essays on the Evolution of Man": „Die primitivste Rasse, die heute lebt, ist zweifellos die australische." Lange Zeit blieb dieses Urteil in der Wissenschaft aufrecht, obwohl die Aborigines den zweifelhaften Ruhm für sich verbuchen können, die meistbeforschte indigene Bevölkerung in der Welt zu sein. Es begann mit Missionaren wie dem Deutschen Theodore Strehlow, einem protestantischer Missionar, der um 1900 mit seinem Werk der „Songs of Central Australia" einen Meilenstein in der Erforschung dieses Themas vorlegte. Das noch vorhandene Forschungsmaterial ist im Strehlow Research Centre zu finden. Die australische Regierung konnte sich endlich entschließen, eine Versöhnungspolitik zu betreiben und gab den Aborigines neben den Bürgerrechten einen Teil ihres Landes zurück und entschuldigte sich für das Unrecht, das die Aborigines erlitten haben.

Wasserstelle in den MacDonnell Ranges

Noch einmal wagen wir uns auf die Straße. Wir wollen die westlichen MacDonnell Ranges erkunden. Die mächtigen McDonnell Ranges erstrecken sich über 400 km lang südöstlich von Alice durch das Zentrum Australiens und bilden eine mächtige Barriere. Nur bei Alice Springs gibt es einen Durchbruch. Die Besonderheit der MacDonnell Ranges liegt in den engen Schluchten, wodurch es fast immer Wasser gibt. Den Extremwanderern sei der Larapinta Trail empfohlen, der sich auf der Länge von 130 km durch die westlichen MacDonnells zieht. Wer diesen Trail schafft, kann auf großartige Naturerlebnisse zurückblicken. Wenn der Wanderer Glück hat, wird er ein schwarzfüßiges Felsen-Wallabie beobachten können. Sie klettern so geschickt in den Felswänden. dass dass die Australier sie auch „australische Gämsen" nennen.

Auf der Tour entlang der MacDonnell Ranges lernen wir das Phänomen der Bush-pubs kennen. Einsam

Bushpub

gelegene Pubs, abseits der Highways, deren Existenzgrundlage aufgrund der Leere des Raumes sich selbst infrage stellt. Gelegentlich verirrt sich ein Autofahrer (so wie wir) zu diesem Pub, nicht gerade ideale Voraussetzungen für Geschäfte. Und doch werden diese Bushpubs am Wochenende regelrecht gestürmt. Woher all diese Menschen kommen, bleibt ein Geheimnis des roten Kontinents.

Noch fehlen Must-Sees, die wir auf keinen Fall verpassen dürfen. Kings Canyon und Kata Tjuta warten auf uns. Diesmal überlassen wir das Fahren jüngeren. Wir vertrauen uns einem alten, klapprigen VW-Bus an in Begleitung und unter Führung eines nicht mehr ganz so jungen Mannes, der hoffentlich über die nötige Erfahrung verfügt. Vier andere junge Leute, ihres Zeichens Backpacker der

verschiedensten National-itäten, entschließen sich uns auf dieser Fahrt Gesellschaft zu leisten. Genau genommen betrachten sie uns als Exoten oder besser „Spinner". „Ältere Leute sollten sich das einfach nicht antun", das kann man förmlich auf ihren Stirnen lesen. Egal, sie werden uns kennenlernen.

Kings Canyon

Unser erstes Ziel ist zugleich

Der Aufstieg

die größte Herausforderung: Kings Canyon. Obwohl nicht so berühmt wie Uluru stellt es ein beeindruckendes Naturdenkmal dar. Ehrgeizig wollen wir den Weg gehen, den Priscilla und ihre Drag-Queen-Kolleginnen wählten, in der Hoffnung, den selben Natureindruck zu erleben, wie er im Film in monumentaler Breite geboten wird. Unsere jungen Freunde wollen uns begleiten (interessanterweise hat jeder den Film gesehen).

Bei einer jungen Schweizerin wagen wir unsere Bedenken über ihre unpassende Kleidung zu äußern. Die niedlichen Hot-pants mit Spaghetti-leibchen, abgerundet mit zierlichen Sandalen mögen einen reizvollen Anblick ergeben, sind aber für eine Vier-Stunden-Tour den Berg rauf bei 40 Grad im Schatten nicht ganz geeignet. Schwer beleidigt kommt sie zu dem Schluss, uns künftig zu ignorieren. Achselzuckend marschierten wir an die Spitze und in die grandiose Landschaft.

Die Rückkehr zum Bus bietet keine Überraschung. Wir finden die Schweizerin im Schatten des Busses sitzend und das rechte Bein ausgestreckt und verbunden. Es ist so gekommen, wie es kommen musste. Die Schweizerin ist bei der ersten steilen Passage mit ihren zierlichen Sandalen aus-geruscht und holte sich am nackten rechten Bein eine Schürfwunde: Ende der Tour. Es ist sowieso die Zeit gekommen, das Lager aufzuschlagen. Das Feuerholz wird vom Dach des alten Busses geholt und die Fressalien aus der Kühlbox ausgepackt. Wir sitzen gemeinsam um das Feuer und erzählen uns Geschichten (nur die Schweizerin nicht). Dann rollen wir

Kata Tjuta

die typischen australischen Schlafsäcke aus Rindsleder aus. Nun gibt es die Gelegenheit, den südlichen Sternenhimmel zu bewundern. Im Süden quillt der Himmel im Gegensatz zum Norden vor Sternen förmlich über. Man kann sich nicht genug sattsehen, doch die Müdigkeit holt einen ein und man schläft ein.

Wasserstelle

Kata Tjuta, übersetzt „viele Köpfe" genannt, sind eine Ansammlung von durch enge Schluchten getrennten Felskuppeln. Obwohl in Sichtweite von Uluru, erreichen sie bis heute nicht die dieselbe Popularität. Als Wohnplatz ist Kata Tjuta durch die zwischen den Kuppeln gelegenen grünen Oasen und Wasserstellen noch besser geeignet als Uluru.

Wir wollen quer durch Kata Tjuta wandern, ein Weg, der hohe Anforderungen stellt. Teilweise muss man steile An- und Abstiege bewältigen, aber es bietet sich die Gelegenheit, in einer Wasserstelle zu schwimmen. Wieder stürzt unsere Backpackerschar voran (bis auf unsere junge Schweizerin) und wieder gibt es ein außergewöhnliches Wandererlebnis.

Es gibt sie noch, Davidsons Welt der Kamelfarmen. Es sind nicht mehr viele, aber man kann sie besuchen. Wer will, wagt auf einem dieser mächtigen Tiere einen Ausritt. Es werden auch Tagestouren angeboten, die allerdings nicht für jedermann geeignet sind. Abenteuer bieten sie aber immer. Kamele wird man gelegentlich in der Wüste in der

Aborigine-Farbsteinbruch

123

Ferne sehen. Sie wurden im achtzehnten Jahrhundert aus Afghanistan samt Treibern importiert und dienten als Lasttiere in der australischen Wüste. Als sie nicht mehr benötigt wurden, ließ man sie einfach frei (und zwar beide: Kamele und Treiber). In der Folge vermehrten sich die Kamele explosionsartig auf eine ge- schätzte Zahl von rund

Kamelfarm

300.000 Tieren. Wilde Kamele stellen für die Australier seit Jahren eine Herausforderung dar. Die Tiere machen abgelegene Siedlungen auf der Suche nach Wasser unsicher: Sie reißen Zisternen von Dächern, Regenrinnen aus Häuserwänden und zertrampeln wertvolle Wasserlöcher in der zentralaustralischen Wüste. Seit 2009 läuft daher ein Abschussprogramm, in dem bereits 160.000 Tiere erlegt wurden.

Es wird Zeit zur Rückkehr. Wir packen unsere wenigen Habseligkeiten und werden zum kleinen Wüstenflughafen von Alice Springs gebracht. Der Weg führt über Sydney nach Afrika.

Unsere Reise nähert sich der letzten Station am Wege. Die Maschine der Egyptair setzt sanft auf der Rollbahn des Flughafens Kairo auf. Im Flughafen herrscht eine seltsame Atmosphäre des Verfalls und der Resignation. Von der gewohnten klinischen Reinheit der internationalen Hubs weit entfernt, zeigt das wenig vorhandene Putzpersonal kaum Begeisterung für seinen Job. Ein Unteroffizier der Flughafenpolizei holt sich eine Stange Zigaretten, ohne auf die Kleinigkeit des Bezahlens zu achten. Am WC funktioniert von drei Waschbecken nur eines, aber niemanden scheint das zu interessieren.

Kairo
Revolution und Hoffnung

Kairo

Die Passkontrolle erfolgt schnell und nachlässig. Das einzige, was die Grenzbeamten zu interessieren scheint, war das bezahlte Einreisevisum. Natürlich wurden wir in der Halle regelrecht bestürmt. Jede Menge Taxi- und Hotelangebote und jeder kennt den Geheimtipp. Unser Ziel aber ist Sekem.

Die Fahrt mit dem Taxi gibt uns Zeit, über Ägypten und Australien nachzudenken. Man glaubt es kaum, aber Kairo ist eng mit der australischen Geschichte verbunden. Es liegt an den engen Verschlingungen und Verzweigungen, die in der Geschichte zu seltsamen Verbindungen und Koinzidenzen führen. Man kann aber auch an dieser Stelle die Chaostheorie bemühen, in der ein einziger Schmetterlingsschlag genügt, um einen Hurrikan zu erzeugen. So geschah es nämlich: Weil in Sarajewo ein Chauffeur falsch abbog, wollten die Australier Istanbul erobern. Klingt kurios, aber mit den Kriegserklärungen in Europa 1914 entdeckte Australien seine Begeisterung für das Empire und entsandte seine Truppen, vorerst nach Kairo.

Eine wahre Begeisterung ging durchs Land, an der Seite Großbritanniens in den Krieg zu ziehen. Selbst der Chef der australischen Labour Party, Andrew Fisher, bot „den letzten Mann und den letzten Shilling" zur Verteidigung des Mutterlandes. Die Begeisterung endete allerdings mit dem Versuch, 1917 die Wehrpflicht einzuführen. Freiwillig für England zu kämpfen, ja, aber dazu verpflichtet zu werden, das ging zu weit. Dieser Versuch wurde in einer Abstimmung abgelehnt.

Kairos Zentrum

Der Gallipolli-Mythos beruht auf der Annahme, dass die tapferen „Diggers" ihr Bestes gaben und nur durch unfähige „Pom"-Offiziere in die Katastrophe geführt wurden. Dieser Mythos lässt sich nicht zuletzt auf den australischen Premierminister William Morris Hughes zurückführen, der das Land durch den ersten Weltkrieg führte. Er glorifizierte die Niederlage von Gallipolli und stand unerschütterlich an der Seite Großbritanniens und nahm sogar die Zerrüttung seiner eigenen Partei in Kauf, als ihm die Australier die Einführung der Wehrpflicht 1917 verweigerten. Soviel Britannienbegeisterung war ihnen eindeutig zuviel.

Der Kunstkritiker Robert Hughes schreibt: „Einer der Gründe, warum wir Australier nach 1918 so berührt von dem mythischen Ereignis von Gallipoli, unsere Thermopylen, waren, liegt darin, dass es in unserer eigenen früheren Geschichte so wenig gab, auf das wir stolz sein konnten."

Auch wenn der Gallipoli-Mythos in der nationalen Politik nach 1918 intensiv gepflegt wurde und wird, das Nation-Building erfolgte kaum in den türkischen Schützengräben. Das Gemeinschaftsgefühl entstand eher in den Lagern von Kairo (Ein Camp bei Gizeh für die Infanterie, auf der anderen Seite des Nils die Kavallerie und auf der Straße nach Port Said die Neuseeländer), wo die Freiwilligen lernten, Soldaten zu werden und zu fühlen, dem ANZAC-Corps anzugehören. Man bedenke, das ANZAC-Corps erreichte im November 1914 Kairo, aber erst am 3. April 1915 brach es nach Gallipoli auf. Im Dezember 1915 kehrte es nach Kairo zurück, um im März 1916 an die Westfront auszurücken.

Aussies im Cairo-Camp 1914

416.809 Australier dienten in der Armee, wobei 59.342 getötet wurden, die höchsten Verluste einer Armee im ersten Weltkrieg. Australien bezahlte den Krieg nicht nur mit dem Leben und der Gesundheit seiner Soldaten, sondern auch mit 364 Millionen britischen Pfund (1914 bis 1919). Die Kriegskosten sollten Australien die Zwischenkriegszeit hindurch schwer belasten. Das Land brauchte einfach einen Mythos, um alle diese Opfer und Belastungen zu rechtfertigen.

Sekem

Zurück zu Sekem, wir durchqueren auf unserer Fahrt viele arabische Dörfer. William Goulding beschreibt das Leben in diesen Dörfern: „Es herrschte das übliche dörfliche Chaos, die übliche unschöne Schluderwirtschaft." Endlich erreichen wir den Ort nach zwei Stunden Fahrt. Sekem ist keine Stadt oder Dorf. Sekem ist eine Farm mit Produktionsstätten für landwirtschaftliche und pharmazeutische Produkte. Aber Sekem ist mehr, es ist Ort der Gemeinschaft und biodynamischer Landwirtschaft. Alles begann mit Dr. Ibrahim Aboulesh, aus gutem bürgerlichen Hause stammend, der in Österreich Pharmazie und Medizin studierte. Während des Studiums kam er mit der biodynamischen Landwirtschaft in Kontakt. Es war die Zeit, in der ökologische Landwirtschaft, abgesehen von einigen Demeter-Höfen, kaum existierte.

1977 kaufte er zwischen Kairo und Port Said 70 Hektar Ödland und begann mit dem Anbau von pharmazeutischen Pflanzen. In den Achtzigern gab es den großen Schub. Mit Hilfe der Finanzierung durch die GLS-Bank in Deutschland wurden 40 Allgäuer Milchkühe importiert und der Aufbau einer biodynamischen Landwirtschaft begann. Heute werden in Sekem 6.000 Hektar mit 2.000 Beschäftigten bewirtschaftet.

Unsere Neugier wächst, je näher wir dem Ziel kommen. Wir fahren durch Wüste und heruntergekommene Dörfer, bis wir in eine grüne Oase einbiegen. Eine Allee aus Bäumen führt uns zu einem Dorf aus weißgetünchten und gepflegten Gebäuden. Wir sind in Sekem. Empfangen werden wir von Gudrun, einer großgewachsenen älteren Deutschen. Hauptamtlich betreut sie die Schulen in Sekem (Sekem verfügt über eine Volksschule und Berufsschule), übernimmt aber gern die Gästebetreuung. Sie führt uns durch die weitläufige Anlage. Wir kommen rechtzeitig zu der monatlichen Veranstaltung der Volksschule. „Einmal im Monat werden Eltern und Honoratioren eingeladen und die Kinder führen vor, was sie gelernt haben", erzählt Gudrun. Tatsächlich beginnt die Veranstaltung mit einer Rezitation aus dem Koran, danach singen und tanzen die Kinder. Die Kinder zeigen großen Stolz auf ihr Können. „Wir sind froh, die Schule zu führen, denn das allgemeine Schulniveau in Ägypten ist sehr niedrig", erklärt sie. Gudrun berichtet vom Projekt „Kamillenkinder". Sekem benötigt Kamille für pharmazeutische Produkte

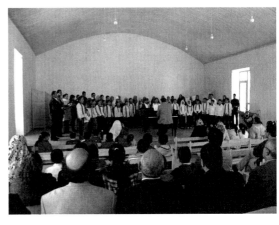

Kindervorführung

und baut deshalb selbst Kamille an. Um sie zu pflücken, werden Kinder im Volksschulalter angeworben, die Vormittags pflücken und verpflichtet sind, am Nachmittag die Schule zu besuchen. So wird der Schulbesuch gesichert.

Natürlich bildet die Landwirtschaft das Herz von Sekem. Wir besichtigen einen vorbildlichen biodynamischen Betrieb. Sofort liegt uns die Frage auf der Zunge: „Wie konnte Dr. Aboulesh dieses europäische System des biodynamischen Landbaus im islamischen Ägypten einführen?" Gudrun lachte: „Natürlich gab es Widerstände, besonders von der Seite der islamischen Geistlichkeit. Aber Dr. Aboulesh betont immer wieder die Wichtigkeit des Koran für unsere Arbeit und er lädt immer wieder Geistliche ein. Ein harter Weg der Überzeugung, aber er ist notwendig." Ein größeres Problem stellt aber die Produktionsmenge dar. Sekem kann nicht alles, was benötigt wird, allein produzieren. Gudrun berichtet: „Wir haben begonnen, Bauern in ganz Ägypten von der biodynamischen Landwirtschaft zu überzeugen. Inzwischen sind es an die 10000. Sie müssen ständig betreut und beraten werden." Eine wahrhaft gewaltige Aufgabe, es soll jetzt sogar eine Universität gegründet werden, um genügend Fachleute zu erhalten. Aber ein solches Programm gibt der ägyptischen

Die Landwirtschaft

Eines von Sieben Lagerhäusern

Landwirtschaft neue Chancen, denn 90% der landwirtschaftlichen Betriebe sind Kleinbetriebe auf Subsistenzniveau. Ein Drittel von ihnen lebt sogar unter der Existenzsicherungsgrenze!

Heute gibt es neben der Landwirtschaft eine Käserei, Bäckerei, Öl- und Getreidemühle, eine Teeabfüllung und eine Produktionsstätte für pflanzliche Arzneimittel und Kosmetika. Produziert wird auf 6.000 Hektar mit 2.000 Beschäftigten. An sich eine gute und wichtige Entwicklung, aber Sekem steht wie ganz Ägypten unter ökologischem Druck. 93% des ägyptischen Wasserbedarfs wird durch den Nil gedeckt. Die ägyptische Bevölkerung wächst aber jährlich um eine Million Menschen, wodurch der Nil spätestens 2020 die maximale Abgabekapazität für Wasser erreicht haben wird.

Wir verlassen Sekem nachdenklich, aber doch mit der Gewissheit, dass es für Ägypten eine Zukunft gibt, die es aus eigener Kraft schaffen kann. Dr. Abouleish

Australian Hostel

musste aber einen wahren Seiltanz zwischen der ägyptischen Gesellschaft der Mubarak-Ära und den europäischen Anforderungen leisten. Auf der einen Seite nutzte er die Netzwerke der ägyptischen Gentry, um auf der anderen Seite begehrliche Ansprüche mit dem Hinweis auf das breite europäische Netzwerk abzuwehren. Sekem ist immerhin eine Stiftung, die die verschiedenen Betriebe im Eigentum hält. Sekem gehört sich selbst.

In Kairo selbst beziehen wir das direkt im Zentrum gelegene Australian Hostel. Allein der Name faszinierte uns in der Internetsuche, nur um festzustellen, dass sich die Kairoer Hostels gern nach verschiedenen Ländern nennen, sich aber ansonsten kaum unterscheiden. Aber in diesem Fall machte uns das nichts aus, denn das Hostel war in zwei Stockwerken eines typischen Kairoer Bürgerhauses angesiedelt. Es wurden einfach vier großbürgerliche Wohnungen zusammengelegt und die einzelnen Zimmer mit Betten und einigen wenigen Utensilien ausgestattet. Die Zimmer strahlen immer noch den verlorenen Glanz des bürgerlich-ägyptischen Stils aus, und da unter und über dem Hostel die Wohnungen noch bewohnt wurden, befinden

Unser Zimmer

wir uns mitten im ägyptischen Leben. Das passte prächtig zu uns, am Eingang den unverzichtbaren Hausmeister zu grüßen, am Gang kurz mit dem einen oder anderen Einwohner zu plaudern und von unserem Zimmerbalkon das Kairoer Stadtleben mitzusehen und zu hören.

„Kairo ist ein Albtraum, Kairo ist furchtbar. Kairo ist die beste Stadt der Welt zum Leben." Besser als Achmed, der Rezeptionist im Hostel, kann man das Lebensgefühl der Stadt nicht ausdrücken.

Dieses Lebensgefühl wollen wir erkunden, und zwar zu Fuß. Des Morgens um 9 Uhr brechen wir mit dem Stadtplan in der Hand zur Al-Azhar-Moschee auf. Es gelingt, unversehens stehen wir vor dem Haupttor des geistigen Zentrums Ägyptens, wenn nicht der arabischen Welt. Diese Moschee beinhaltete bereits eine Universität, als die Mönche des Abendlandes als höchste intellektuelle Leistung Bücher abschrieben.

Ein Führer für die Moschee ist schnell gefunden. In ihren grauen Galabijas, einem langen Gewand mit weiten Ärmeln, warten sie bereits auf Kundschaft. Wir sind früh dran, als erste Besucher betreten wir die Moschee ohne Menschenmassen in den

Der Moscheebesuch

131

orientalisches Kairo

Gängen und Hallen. Nur da und dort findet sich ein einsamer Beter oder Zeitungsleser. Unser Führer schleppt uns selbst über eine stockdunkle Wendeltreppe eines Minaretts hinauf, aber der Ausblick entschädigt uns für die Anstrengung. Er ist die überteuerte Gebühr des Führers wert, umgerechnet sind es nur 5 Euro.

Mittagszeit, gut, dass der Basar in der Nähe liegt. Auf dem Weg dahin fallen wir in ein kleines, bescheidenes Restaurant ein, betrieben von einem jungen Mann, der gleichzeitig die Rolle des Kochs und des Kellners ausübt. Wir sitzen zwischen den Gewürzstandeln, es duftete herrlich nach Gewürzen, ein fremder orientalischer Geruch, macht uns neugierig auf was Essbares. Auf die Frage „What´s this?" bekamen wir eine schlechte, besser gesagt eine nicht ausreichende, undefinierbare Erklärung der dargebotenen Speisen. Der Ägypter spricht nicht gut Englisch, Hermines Wortschatz ist auch nicht meisterhaft, aber das Entscheidende, er ist ein Koch, sie ist auch eine Köchin. So kam es, dass Hermine in wenigen Minuten in der Küche stand und Hand in Hand seine Zutaten erfragte („and add this, and have a look, and mix together, usw.") Ergebnis: Hermine hat den sofortigen Überblick, ertastet alles mit Kopf und Händen und den fünf Sinnen, anschließende Verkostung, ein gutes Essen, eine lustige Zubereitung der Speisen, und eine gute allzeit wiederkehrende Erinnerung.

Und das produzierten Hermine und der Koch: Falafel, das sind frittierte Kichererbsenbällchen; dazu serviert man Pitabrot mit Olivenöl, Karottensalat, Gurken-Tomatensalat, Joghurts, Hummus, Dukkah (eine Nussmischung), Baba Ganoush (Melanzanidip), Kurkuma-Erdäpfeln und Cous-Cous.

Die ägyptische Küche entwickelte ihre Faszination mit der Kunst des Orients. Das Geheimnis liegt im Würzen. Die Ägypter sind Meister des Würzens, Bockshornkleesamen bis Kreuzkümmel finden leidenschaftliche Verwendung. Gleich ob Zimt, Nelken,

Schwarzkümmel, Pfeffer oder Koriander, sie treffen den geschmacklichen Ton in einmaliger Weise. Da erstaunt es nicht weiter, dass in der traditionellen arabischen Medizin Kräuter und Gewürze einen hohen Stellenwert besitzen. Im Basar fühlt sich Hermine wohl. Inmitten der vielen Gerüche und Gewürze

Strassenszene in Kairo

feilscht sie um alles und jedes und am Ende bin ich glücklicher Besitzer einer modernen Galabija. Der Heimweg hingegen erwies sich als Abenteuer. Die Straßen haben sich verwandelt, die Gehsteige sind unter den vielen Geschäften, Werkstätten und Lokalen verschwunden. Die Fußgänger weichen auf die Straße aus, wo ein chaotischer Verkehr von Autos, Karren und Lasteseln jedes Fortkommen verhindert. Bereits der Schriftsteller William Golding schrieb: „Der Verkehr war stärker denn je und ist auch hysterischer geworden. So mussten wir wieder jene jaulende, röhrende, kreischende, heulende Disharmonie über uns ergehen lassen, die dem Kairoer Leben als Geräuschkulisse beigegeben ist." Nach einiger Zeit geben wir auf und nehmen ein Taxi.

Mittagessen muss her. Auf Empfehlung suchen wir das Cafe Riche auf und erfahren dort, dass dieses Cafe in Kairo Kultstatus besitzt.

Es war und ist der Treffpunkt der Kairoer Künstler und Intellektuellen und das seit 1908. Viele berühmte arabische Persönlichkeiten findet man auf Fotos an den Wänden. Allein ein Blick durch das Lokal macht einem bewusst, wie wenig man im sogenannten Westen von der Intellektuellenszene in Kairo weiß. Wir entschließen uns zu der Kleinen-Portionen-Strategie und lassen die Menükarte auffahren. Während wir uns durch

Was ist los auf der Straße?

133

Unruhe auf den Strassen

die ägyptische Küche kosten und Pläne für den Nachmittag wälzen, wälzt das Schicksal seine Pläne mit uns.

Während des Essens zieht eine merkwürdige Unruhe ins Cafe. Das Personal wirkt nervös, die Kellner beginnen die Rollläden herunterzukurbeln, als wäre bereits Sperrstunde. Das beginnt mich zu interessieren und ich werfe einen Blick auf den Platz vor dem Cafe. Dort beginnen sich Menschen zu versammeln, und untypischerweise fehlt der Straßenverkehr. Ein Blick um die Ecke überzeugt mich von der kritischen Lage. Eine Reihe finster blickender Polizisten mit Schilden verstärkt durch Schützenpanzer mit Wasserwerfern formiert sich. Rasch kippt die Stimmung auf der Straße, es formieren sich Protestkolonnen, die Parolen skandieren.

Die Polizei rückt an

Zeit, sich wieder in das Cafe zurückzuziehen. Es folgt ein merkwürdiges Doppelspiel: Stürmt die Polizei, weichen die Demonstranten in die Seitengassen aus und formieren in der Parallelstraße einen Protestzug. Glaubt die Polizei die Straße als gesäubert, kehren Menschen aus den Seitengassen zurück, formieren sich und skandieren. Von der gewalttätigen Szenerie sind wir im Cafe durch die Rollläden geschützt. Trotzdem beginnen die Kellner Stoffservietten in Essig zu tauchen.

Sie wissen warum, denn bald beginnt die Polizei mit Tränengasgranaten vorzugehen. Sie benutzen ein extrem agressives Gas, das durch alle Ritzen dringt. Rasch werden die Servietten zu provisorischen Gasmasken umfunktioniert, aber das Gas ist zu aggressiv. Nun ruft der Patron des Cafes alle in den Keller. Wir stürzen regelrecht hinunter und landen in einem der schönsten

Keller, die wir jemals gesehen haben. So sitzen wir in den Nischen und Ecken, tränen und husten vor uns hin.

Nach einiger Zeit verfliegt das Tränengas und wir beschließen, uns zu unserem Hostel durchzuschlagen. Wir erhalten neue essiggetränke Servietten und los geht's. Doch die Straßen haben sich verändert.

Tränengas

Übersät mit Steinen, Stöcken und rauchenden Molotowcocktails geben die Straßen ein fremdes und surreales Bild. Zu diesem Moment fällt mir ein Zitat ein: „Die wertfreie Betrachtung von Revolution ist für diejenigen, die in einer realen Welt leben, eine logische Unmöglichkeit", schreibt der Historiker John Dunn. In unserem Fall trifft das zu, denn unsere Sympathie für die Polizei hält sich in Grenzen. Natürlich verirren wir uns. Polizisten zu fragen kommt nicht in Frage, also wenden wir uns an einen Demonstranten, der grimmig mit einem Schlagstock in der Hand Parolen brüllt. Innerhalb eines Augenblicks verwandelt er sich in einen freundlichen jungen Mann, der uns in passablem Englisch den Weg erklärt.

Siehe da, wir treffen wohlbehalten im Hostel ein. Dort haben sich bereits die Bewohner im Aufenthaltsraum gesammelt und beraten die Lage. Man stellt fest, dass wir weder Proviant noch Wasser zur Verfügung haben. Es gilt, eine Kommandoaktion zur Verproviantierung zu starten. Das Kommando übernimmt Sam, ein 23-jähriger bulliger Australier. Das Verpflegungskommando rückt natürlich mit unserer Beteiligung aus, man hat ja sonst nichts zu tun.

Im Keller

Verkehrshindernis

Der Weg führt durch ein Chaos von hin und her flutenden Demonstranten und Polizisten, bis wir tatsächlich einen offenen Laden finden. Manche Kairoer lassen sich eben nicht einmal von einer Revolution erschüttern. Es ist ein Süßwarenladen, aber er führt Wasser, Schokolade und Kekse. Das muss genügen. Noch einmal den Weg zurück, bis wir unsere Schätze im Hostel aufteilen können. „Das wird eine richtige Revolutionsparty", meint einer der jungen Leute. „Keine schlechte Idee, aber zu einer Revolutionsparty gehört auch Bier", murmelt Sam. Gesagt, getan und Sam verschwindet auf die Straße auf der Suche nach Bier. Keine leichte Aufgabe in einer islamischen Stadt, mitten in einer Revolution und Ausgangssperre, aber nicht für Sam, einem Australier. Tatsächlich taucht er wenig später mit zwei prallen Einkaufsäcken voller Bierdosen auf. Warum nicht? Wir feiern eine Party mit Bier, Schokolade und Keksen in einer Stadt, die von der Polizei geräumt wurde und in der es keine Ordnungsmacht mehr gibt.

Die Nacht bleibt turbulent. Es fallen Schüsse, letztendlich hört man die Ketten von Panzern, die Armee marschiert ein. Am nächsten Morgen gibt es nur eines: Das Land so schnell wie möglich zu verlassen. Aber wie? Tatsächlich finden wir einen Taxifahrer, der bereit ist, in die Stadt einzufahren und uns zum Flughafen zu transportieren. Er ist der Neffe eines Onkels, den ein Freund kennt, etc. Kurz, er wurde auf arabische Weise gefunden. Sein Taxi stellt sich als Wrack heraus, das nur mehr durch den Rost zusammen gehalten wird. Aber unter diesen Umständen erscheint selbst ein solches Gefährt wie eine Luxuskarosse. Auf der Fahrt sehen wir Militär an allen Ecken und Enden und passieren mehrere mit Sandsäcken gebaute und mit Maschinengewehren ausgestattete Checkpoints, die von finster blickenden, bis an die Zähne bewaffneten Soldaten bemannt sind.

Der Flughafen wird von Ägyptern bestürmt, selbst der Flug nach Khartoum ist überbucht. Normalerweise muss man Sudanese sein oder dringende Geschäfte zu erledigen haben, um nach Khartoum zu wollen, aber heute wird sogar der Sudan als Flugziel attraktiv. Wir glauben, das Schlimmste überstanden zu haben und suchen am Gate einen Platz zwischen den vielen Menschen, die sich erschöpft auf jedem freien Fleckchen niedergelassen haben. Aber das Schicksal brachte noch eine kleine Pointe in unser Abenteuer. Es wird später und später, aber eine AUA-Maschine will am Gate andocken. Später werden wir erfahren, dass die AUA ursprünglich kein Flugzeug mehr nach Kairo senden wollte, letztendlich aber doch eine Maschine mit einer Freiwilligenbesatzung gefunden wurde.

Für uns gibt es aber eine, für einen Flughafen unglaubliche, Durchsage: „Frauen und Kinder zuerst". Fassungslosigkeit macht sich unter den Wartenden breit, sind es zuviele, die warten? Ich sehe mich bereits in einem Flüchtlingstreck am Sinai in der Wüste dahin stampfen. Doch das Geheimnis wird bald gelüftet. Es sind nur zwei weibliche Grenzbeamte verfügbar, männliche Kollegen müssen erst organisiert werden. Da die Beamtinnen beim Sicherheitscheck keine Männer kontrollieren dürfen, wurden Frauen und Kinder vorgezogen. Nach einiger Zeit schaffe auch ich es, an Bord zu kommen und es geht nach Hause. Später erfahren wir, dass es der letzte reguläre Flug aus Kairo nach Wien war. Vorsorglich haben wir unsere Familie mit einer SMS vorinformiert. Sie hat folgenden Text:

„Sind mehrmals in Straßenschlachten geraten und wissen jetzt, wie Tränengas schmeckt. In der Nacht waren immer Schüsse zu hören, einmal wollten Protesters sogar das Hostel stürmen, keine Polizei mehr in der Stadt. Internet und Telefon abgeschaltet, keine Verbindung nach außen. Jetzt ist Kairo von der Armee abgeriegelt, Fahrt zum Flughafen kompliziert. Kommen gegen 19 Uhr wohlbehalten in Wien an. Gerhard und Hermine."

EIN ÄGYPTISCHES MENÜ

FALAFEL

200 g Kichererbsen mindestens 8 Stunden einweichen und dann weichkochen und pürieren.

(Wir verwendeten 200 g Kichererbsenmehl, das in 100 g kochendes Wasser eingerührt wird, sodass ein dicker Teig entsteht), einmal mehr oder weniger Mehl oder Wasser - je nach Feuchtigkeitsgrad kann es unterschiedlich sein.

2 Fladenbrote oder 2 Scheiben Brot (trocken)
1 Zwiebel, grob gewürfelt
1 EL Knoblauch
1 EL Kreuzkümmel
1TL Chilipulver
1EL Mehl
1TL Salz
1 Bund Petersilie (Blätter abgezupft)

Alle Zutaten außer die Kichererbsen mit einem Mixer zu einer Paste zerkleinern.

Die Paste und die Kichererbsen zu einem Teig vermischen.
Mit den Händen kleine Kugeln aus dem Teig formen, in Sesam wälzen und in Kokosfett herausbacken. Die Falafel sollen knusprig und goldbraun gebraten sein.

KAROTTENSALAT

300 g Karotten waschen, bürsten und in Scheiben schneiden. In Salzwasser kochen, anschließend blanchieren.

1 rote Zwiebel in Scheiben schneiden mit 2 EL Olivenöl und 2 EL püriertem Knoblauch glasig anbraten.
½ TL Kurkuma, ½ TL Kreuzkümmel unterrühren.
Saft von 1 Zitrone , 2 EL Olivenöl , Salz, Pfeffer, 1 TL Honig und einen halben Bund Petersilie mit einem Stabmixer pürieren (einige Petersilienblätter zur Garnierung aufheben).

Karotten mit allen Zutaten mischen und mit Petersilienblättern garnieren. Eine Stunde ziehen lassen, damit sich die Aromen entfalten können.

GURKEN-TOMATENSALAT

2 Gurken, gewürfelt
4 Tomaten, in Würfel geschnitten
1 rote Zwiebel, dünn in Scheiben geschnitten
4 Zweige Minze, abgezupft und klein geschnitten
etwas Zitronensaft
Mischen Sie alle Zutaten und garnieren Sie mit Minze.

KICHERERBSEN MIT KORIANDER-JOGHURT

150 g Kichererbsen 8 Stunden in Wasser einweichen, Wasser
abseihen und mit frischem Wasser weichkochen, ca. 30
Minuten (oder länger, je nach Alter der Kichererbsen).
250 ml Joghurt
2 EL Korianderkörner im Mörser zerkleinern
1 Bund Korianderblätter fein schneiden
Salz und Pfeffer
Alles vermischen und über die kalten Erbsen anrichten.

DUKKAH - das ist eine geröstete Nussmischung, die mit
Fladenbrot und Olivenöl gegessen wird. Brot wird in Öl
getaucht, dann in Dukkah gedippt.

1 EL Haselnüsse
1 EL Cashews
1TL Pinienkerne, grob hacken und ohne Fett rösten.
1EL Sesam, 1TL Korianderkörner, 1 TL Kreuzkümmel, 1TL
Pfefferkörner, im Mörser fein zerstoßen, ohne Fett in der
Pfanne rösten.
1TL Paprika edelsüß
1 TL grobes Meersalz
Alle Zutaten vermischen.
Die würzige Nussmischung ist vielseitig einsetzbar.

BABA GANOUSH - das ist ein Melanzanidip, der mit warmem Brot gegessen wird.

1 Melanzani (Aubergine)
2 Knoblauchzehen
2 EL Tahina (Sesampaste)
1 EL Olivenöl
Salz und Pfeffer
Saft einer Zitrone
Petersilie gehackt für die Garnierung
Paprika edelsüß zum Bestreuen
Melanzani im Backrohr braten, bis sie Blasen wirft. Mit einem Löffel das Fruchtfleisch heraus schaben, mit den restlichen Zutaten in einen Mixer geben und zu einer glatten Soße mixen. Das Ganze auf einen flachen Teller geben und garnieren.

Die Reise ist eine Art Tür, durch die man die Realität verlässt, um in eine unerforschte Realität einzutreten, die ein Traum zu sein scheint.

Guy de Maupassant

Es ist an der Zeit, ein wichtiges Thema für echte Reisende anzusprechen, nämlich die Rückkehr in die Heimat. Wir werden mit dem Phänomen des Kulturschocks konfrontiert. Dieses Phänomen ist nicht neu, es wird bereits vom Weltreisenden Tichy beschrieben, der es schon in den Fünzigerjahren am eigenen Leib verspürte.

Ein Rückblick

In der wissenschaftlichen Welt stieß bereits der Sozialpsychologe Robert Levine auf den Kulturschock. Er entdeckte, dass „viele Reisende, die lange unterwegs waren, sagen, dass der Schock der Rückkehr nach Hause viel schmerzhafter sei als der Aufbruch".

Er führt das auf den kulturell geprägten Umgang mit der Zeit zurück. Im „Westen herrscht eine individualistisch geprägte Kultur, in der die Uhrzeit und die Nutzung der Zeit vorherrscht". In „östlichen" Kulturen lebt man nach Ereignissen, sogenannte Inaktivität stellt eine produktive und kreative Kraft dar. In diesem Sinne verlässt der Pauschal-Tourist nie seine Uhrzeit-Kultur, wodurch er keinerlei Rückkehrprobleme zu verzeichnen hat. Der echte Reisende hingegen wechselt von der Uhrzeit in die Ereigniszeit und muss mit dem Schritt zurück kämpfen.

Wir hoffen, dass es uns gelungen ist, das Gefühl für Slow Travel zu vermitteln. Slow Travel ist keine einfache Kunst. Sie erfordert Feinfühligkeit und vor allem Zeit. Der australische Soziologe Nick Osbaldiston bringt es auf den Punkt: Der wahre Reisende hält sich nicht nur an einem Ort auf, er lebt in der lokalen Kultur, der Küche und der Landschaft. Wenn der wahre Reisende bereit ist, ein Teil des sozialen Lebens vor Ort zu werden, kommt er in den Genuss von Erfahrungen, die ein normaler Tourist auf seiner hetzenden und stressenden Reise nicht einmal erahnt. In Australien herrscht in der wissenschaftlichen Welt eine intensive Diskussion, da Slow Tourism als wichtige Alternative und Trendwende in Richtung nachhaltige Wirtschaft gesehen wird.

Die britische Tourismus-Forscherin Janet Dickinson schließt in ihrem Slow-Travel-Konzept das Auto, das Kreuzfahrtschiff und das Flugzeug aus. Als Begründung führt sie den hohen CO_2-Ausstoß an. Unterlegt wird die Umweltbelastung mit dem „grünen" Gewissen des Reisenden, das per definitionem mit Slow Travel verbunden ist. Dieses rigorose Denken ignoriert leider das Faktum, dass das Flugzeug und das Auto in vielen Weltregionen zu den Standardverkehrsmitteln zählen, es sei denn, man lebt auf den Britischen Inseln oder in Mitteleuropa. Auch mit diesen Verkehrsmitteln kann der Weg zum Ziel werden, wenn man es nicht als Überwindungsmittel zum Zwecke der Sinnlosigkeit im Sinne des Pauschaltourismus missbraucht. Man kann als Kriterium der Wahl des Verkehrsmittels die Form der Nutzung durch die einheimische Bevölkerung annehmen.

Australien liegt für Europäer buchstäblich am Ende der Welt. In der Regel benützten die Europäer das Flugzeug, um nach Down Under zu kommen. Ökologisch gesehen kostet das: Für den Flug Wien nach Sydney und zurück kann man 12 Tonnen CO_2 pro Person rechnen. Zum Vergleich: Zwei Wochen Urlaub auf Mallorca produzieren nur eine Tonne CO_2 pro Person. Es stellt sich daher die Frage, ob es ökologisch gerechtfertig wäre, eine Vorliebe für Australien zu entwickeln und zu pflegen. Die Antwort liegt in den Proportionen des Reiseaufwandes. Jährlich besuchen 150.000 Deutsche Australien und produzieren dadurch 1,8 Millionen Tonnen CO_2, während 4,8 Millionen Deutsche auf Mallorca urlauben. Wir werden somit wieder nach Australien fliegen, auch wenn wir dadurch nicht gerade ökologische Musterschüler sein werden.

Wie groß ist der Anteil der wahren Reisenden oder Slow Traveller in diesen eindrucksvollen Zahlen? Eine deutsche Studie aus dem Jahre 2005 (mit dem schönen Namen INVENT) identifiziert 31% an Pauschal und Fun-Touristen am deutschen Reisemarkt. Zwei Drittel von ihnen wählen Fernreisen und damit auch das Flugzeug. Die wahren Reisenden und Slow Traveller sind in der Kategorie der „Entdecker" zu finden, die nicht mehr als 10% des Reisemarktes beanspruchen. Von diesen treten nicht mehr als die Hälfte eine Fernreise an. Berücksichtigt man die Geschäftsreisenden, dann sind die Slow-Traveller für weniger als 10% CO_2-Ausstoß bei den Australienflügen verantwortlich. Stellt man die ökologischen Kosten dem Gewinn des „kulturellen Kapitals", wie es der französische Soziologe Pierre Bourdieu formuliert, gegenüber, liegt der Slow-Traveller „in der Gewinnzone". Der Aspekt des kulturellen Kapitals wird in der wissenschaftlichen Diskussion zum Thema Nachhaltiger Tourismus bzw. Slow Travel nicht beachtet. Der wahre Reisende erzielt nicht nur einen persönlichen Gewinn in Form von Erkenntnissen und persönlicher Entwicklung, er gibt auch gewöhnlich etwas von seinem erworbenen kulturellen Kapital weiter. Der Pauschaltourist und der Funtourist gewinnt nur den Schein von Erfahrung, Erfahrung in einer Welt, die nur für ihn geschaffen wurde. Das ökologische Problem liegt nicht im Verkehrsmittel, sondern in der Form und Sinnhaftigkeit der Nutzung.

Vielleicht ist es eine gute Idee, solche weiterreichenden Flüge im Lebenslauf zu ritualisieren, anstatt diese achtlos als Massentransportmittel hinzunehmen und die ökologischen Auswirkungen zu ignorieren. Man kann diese Flüge als „Lebensabschnittsflüge" betrachten, als sorgfältig bedachte Reise, die nicht oft angetreten wird, aber als Akt der persönlichen Entwicklung fungiert. Da sich die Reise mit einem besonderen Sinn verbindet, hebt sie sich aus der profanen Welt des Tourismuskonsums.

Es gibt für echte Reisende eine gewisse Berechtigung, ihren ökologischen Fußabdruck, der durch Reisen entsteht, zu nutzen. In der Geschichte des Reisens findet man die längst vergessene Einrichtung der Grand Tour, die im 18. Jahrhundert für englische und deutsche Gentlemen als Teil ihrer Bildung selbstverständlich war. Sie bestand aus einer mehrmonatigen bis mehrjährigen Reise durch den Kontinent (für Engländer) oder durch Italien und Frankreich (für Deutsche). Selbst Goethe schob mit seiner italienischen Reise eine Grand Tour in seinen Arbeitsalltag als Geheimrat ein.

Echte Reisende, gewöhnlich Oldies, kommen nicht umhin, mindestens einmal in ihrem Leben eine Grand Tour anzutreten. Der Preis dafür, der ökologische Fußabdruck, mag hoch sein. Aber in der Masse der touristisch Reisenden reduziert sich diese Belastung zu einer Fußnote. Da dem Erkenntisgewinn und Persönlichkeitsentwicklung gegenüber steht, mag dieser Preis gerechtfertigt sein.

Sinnvoller erscheint es, am Ende eines solchen Buches über den Geist und die Wirklichkeit Australiens nachzudenken. Der Historiker Max Peel schreibt über die Geschichte Australiens: „Sie handelt von Träumen und Ängsten, die Hoffnungen und Befürchtungen, welche die unterschiedlichsten Menschen dazu ermutigen, sich eine Zukunft vorzustellen, die sich von der Zukunft anderer unterschied."

Für Jugendliche ist Australien das beste Land der Welt. Laut einer Studie eines Institutes in Washington DC spricht für Down Under die Qualität der Ausbildung, Jobaussichten, der gesunde Lebensstil und die Sicherheit. Das Wetter und die Surfmöglichkeiten werden wohl auch eine Rolle spielen.

Aber eines stimmt: Australien ist ein „Lucky Country" mit einem großteils milden und tropischen Klima. Das Land ist politisch stabil, die globalen Krisenherde weit weg. Im Better-Life-Index der OECD nimmt das Land den ersten Platz ein. Trotzdem steigt die Staatsverschuldung, weshalb die Regierung Sparmaßnahmen setzt, wie z.B. die Anhebung des Pensionsalters auf 70.

Australien mag für junge Leute, Pensionisten und asiatische Immigranten das Land der Träume sein, aber der große Kontinent steht am Scheideweg. Im Moment hat es die paradoxe Position einer hochentwickelten Rohstoffökonomie. Wie alle Rohstoffökonomien muss sich jedoch auch Australien die Frage stellen, wohin sich die Wirtschaft entwickeln soll. Genaugenommen muss sich Australien entscheiden, ob es sich mit der Zulieferrolle besonders für den asiatischen Raum begnügt oder eigene produktive Chancen sucht. Es fragt sich nur, womit. Hier ist Australien gefordert, Strategien für Innovationen zu entwickeln.

Diese Frage wird umso aktueller, da das Land vor großen ökologischen Herausforderungen steht. Australien muss sich vergegenwärtigen, dass es bereits an seine ökologischen Grenzen stößt. Seit Ankunft der First Fleet 1788 hat Australien 75% seiner Regenwälder, rund 66% der übrigen Wälder sowie 19 Säugetier- und 68 Pflanzenarten verloren. Noch ist es ein landschaftlich attraktives und faszinierendes Land, doch die untrüglichen Zeichen der ökologischen Überlastung sind nicht mehr zu leugnen. Die Böden versalzen und veröden, sodass die Regierung immer mehr Geldmittel für Forschung und Entwicklung bereitstellen muss. Selbst die Wüste zeigt, so wie es Davidson beschreibt, deutliche Spuren: „Ein von der Erosion besiegtes Gebiet mit zahllosen toten oder sterbenden Rindern. Es wuchs dort nichts mehr außer dem giftigen Therebintstrauch."

Die Zukunft des Landes liegt bei den Senioren. Der Anteil der Senioren in der australischen Gesellschaft liegt bei 13% mit

145

stark steigender Tendenz. Es ist eine neue Alterskultur im Entstehen, die durchaus selbstbewusst ihre Forderungen stellen wird.

Noch ein Wort zu unseren Besuchen von Waldorf- und Steiner-Schulen. Waldorf-Schulen besitzen im Privatschulsystem Australiens hohes Ansehen. Formell werden sie als „konfessionell" eingestuft, aber dies nur, weil das australische Bildungs-ministerium keine geeignete Kategorie fand. Sie sind jedenfalls so beliebt, dass man in öffentlichen Schulen eigene Waldorfklassen einrichtete, um Kindern, deren Eltern sich den Beitrag für eine Waldorfschule nicht leisten können, eine Waldorfausbildung zu ermöglichen. Das bildet für uns den Anstoß, im nächsten Australien-Aufenthalt den biodynamischen Landbau auf dem roten Kontinent zu studieren.

Auch in der Ernährung ist sich Australien noch nicht klar, wo seine Zukunft liegt. Einerseits folgt es der US-amerikanischen Leitkultur, andererseits zeichnet sich eine eher europäische Bio-Ernährungskultur ab. Besonders dieser Frage werden wir uns auf der nächsten Reise widmen.

Ciao Leute! Bis zum nächsten Mal!

LITERATUR

Australian Government: National Food Plan. Our Food Future. 2013

Bourdieu, Pierre: Die feinen Unterschiede. Suhrkamp, 1982

Burke, Kelly: The Stamp of Australia. 2009

Calvin, William: Der Strom, der bergauf fließt. Eine Reise durch die Evolution. Hanser 1994

Chatwin, Bruce: Traumpfade. München 1990

CSIRO: State of the Climate 2014

Darwin, Charles: Reise eines Naturforschers um die Welt. 1875

Davidson, Robyn: Spuren. Reinbeck, 2014

De Botton, Alain: Die Kunst des Reisens. Fischer 2002

Descola, Phillipe: Jenseits von Natur und Kultur. Suhrkamp 2011

Diamond, Jared: Kollaps. Warum Gesellschaften überleben oder untergehen. Fischer, 2005

Ferguson, Niall: Empire. How Britain Made the Modern World. Penguin Books 2003

Flannery, Tim: The Future Eaters. Sydney 1994

Giddens, Anthony: Konsequenzen der Moderne. Suhrkamp, 1999

Golding, William: Ein ägyptisches Tagebuch. List Verlag 1985

Hesse, Hermann: Die Nürnberger Reise. Suhrkamp

Hughes, Robert: Australien. Die Gründerzeit des fünften Kontinents. Düsseldorf 1987

Kieran, Dan: Slow Travel. Berlin 2013

Leichhardt, Ludwig: Die erste Durchquerung Australiens. Augsburg, 1983

Levi-Strauss, Claude: Das wilde Denken. Suhrkamp 1968

Levine, Robert: Eine Landkarte der Zeit.

Nooteboom, Cees: Im Frühling der Tau. Suhrkamp, 1995

Osbaldiston, Nick (Ed.): Culture of the Slow. 2013

Peel, Max: Kleine Geschichte Australiens. DTV, 2000

Robischon, Marcel: Vom Verstummen der Welt. München, 2012.

Roth, Walter: The Queensland Aborigines. Hesperion Press, Perth

Standard, Tom: Das viktorianische Internet. St. Gallen 1999

Theroux, Paul: Abenteuer Eisenbahn. Hoffmann und Campe 1977

Twigger, Robert: Schlangenfieber. Argon 2001

Zweig, Stefan: Die Monotonisierung der Welt. Suhrkamp, 1988

Gerhard Berka

Nach den Studien der Ökonomie und Soziologie arbeitete
Gerhard Berka lange Jahre als internationaler
Projektmanager. Nach massiven Änderungen der
Lebensumstände widmete er sich den Ernährungsfragen in
der Gesellschaft.
Er wohnt in Mödling und lebt auf diesem unserem Planeten
(dem einzigen, den wir haben).

Hermine Told

Hermine Told war lange Zeit in der kommerziellen
Gastronomie als selbständige Gastronomin und als Küchen-
chefin tätig. Sie ist gelernte Köchin, Diätköchin, Barista
(Sydney) und Ernährungsberaterin. Derzeit ist sie
verantwortlich für die Schulküche einer Waldorfschule.
Ihr Interesse konzentriert sich auf die vegetarische und
Vollwertküche, besonders unter dem Gesundheitsaspekt.